PonPon
ポンポン

おきなわ
マタニティ＆子育て
お役立ちブック

ボーダーインク
＋ベビードットマム 編

妊婦さん、
がんばるママとパパ

　はじめての妊娠・出産は分からないことだらけです。刻々と変化する自分の体に戸惑ったり、むずかしい手続きに悩んだり、働き方、ライフスタイルの変化を余儀なくされたり……。

　特に現代では、核家族化などの影響で、近くに頼れる人がいない家族もたくさんあります。何かあった時でも情報不足で混乱したり、逆に、インターネットで得られるたくさんの情報に惑わされたり……。

　たくさんの妊婦さんが、そういうことを経験するのではないでしょうか。

かわいい赤ちゃん
の手助けになりますように─

　いまどきのそんな妊婦さんの背中を「ポンポン」とたたいてあげて、楽になってほしい。
　本書『ponpon』には、そんな思いが込められています。

　マタニティ期から子育て期を、無理なく楽しくすごせるように、さまざまな「お助け情報」が掲載されています。妊娠・出産の専門的な話については、お産のスペシャリストである助産師が執筆しています。

　妊婦さんの大きなぽんぽん（おなか）。赤ちゃんのまぁるいぽんぽん（おなか）。『ponpon』が、そんな幸せをサポートできますように。

もくじ

まえがき 2
本書の使い方 6

第1章 赤ちゃんができた！マタニティ編 7

妊娠の経過 8

妊娠初期（〜満15週、1カ月〜4カ月）..................... 13

どこで生む？ 生み場所の選び方 14
産婦人科の病院・診療所・助産院アンケート 15
お産を扱う助産院 40
地域の助産師さん 41
早めに妊娠証明書をもらって役所の窓口へ！ 42
妊娠・子育て関連市町村窓口 43
妊娠中の栄養 45
おすすめうちな〜料理レシピ 貧血改善！チムしんじ 47

妊娠中期（満16〜27週、5カ月〜7カ月）..................... 49

座談会・マタニティ・ベビー用品について 50

出産・育児用品が買える店 55
　個人ショップ 56
　マタニティ・ベビー専門店 63
　ショッピングセンター・大手衣料品店 64
　デパート 67
　絵本や紙芝居の買える店 67
　フリーマーケット 68
　リサイクルショップ 70
　リサイクルプラザ・レンタルショップ 73
　マタニティ＆ベビーの行事ごと 74

妊娠中の運動 77

妊娠後期（満28週〜39週、8カ月〜10カ月）..................... 81

子育てにまつわるお金の話 82
マタニティライフを楽しみたい！ 88
妊娠中からのアロマセラピー 92
お役立ちサイト 94

第2章　生まれた！産後編 95

- まずは届け出を！ 96
  - 市町村による出産・子育て支援サービス 96
  - 赤ちゃん訪問 96
  - 予防接種について 97

- 子供の預け先　産前・産後のヘルプ 98
  - ファミリー・サポート・センター 98
  - 保育すけっと IN ナハ 100
  - シルバー人材センター 101
  - 一時保育 101
  - 病児・病後児保育 102
  - ショートステイ 104
  - 子育てタクシー 105
  - 宅配サービス 105

- 乳房マッサージ・母乳相談 106
  - 母乳育児勉強会 108

- 産前・産後の腰痛について 109

- 集える場、子育て支援機関 113
  - 民間 113
  - 児童館 114
  - 子育て支援センター、つどいの広場など 115

- 子連れで楽しむ（カフェ　ベビーマッサージ） 119
- 妊娠・出産・育児 Q&A 120

コラム

病院アンケートを通して	18
助産師を味方につけましょう！	32
北部・離島地域の産科医不足	36
こんなにすごい親子手帳！	44
HOW TO おむつ	54
うちなー的内祝い	69
妊娠中の仕事	86
母乳・ミルクに関して	107

妊娠・出産・子育て

パパさんの心構え その1	44
パパさんの心構え その2	47
パパさんの心構え その3	66
パパさんの心構え その4	91
パパさんの心構え その5	104
パパさんの心構え その6	114
パパさんの心構え その7	118

本書の使い方
○本書は、第一章「マタニティ編」(「妊娠初期」「妊娠中期」「妊娠後期」)、第二章「産後編」、そして妊娠・出産Q&Aで構成されています。

○妊娠期から産後、子育て期まで、それぞれの時期に必要となるであろう情報を、おおよその時系列で掲載しています。

○ですが、掲載順はあくまで目安です。あなたの必要な情報を、必要なときに利用してください。本書をどんどん活用し、楽しいマタニティ＆育児生活を送ってくださいね。

○本書は主にボーダーインク編集部が取材・構成・執筆していますが、妊娠・出産の概要や、妊娠中の栄養や運動、アロマテラピー、Q&Aなどといった医療的知識を必要とする部分は、「ベビードットマム」の助産師・石川恵が執筆しています。

○本書の内容はいずれも2009年6月現在のものです。その後、変更となっている場合がありますので、詳しくは当該する所にお問い合せ下さい。

○ショップ等は、口コミで集まってきた情報を元に取材していますので、ここに掲載されていない店もたくさんあります。ご自分のお気に入りのお店を見つけて下さいね。

赤ちゃんができた!

マタニティ編

第1章

妊娠の経過

　まずは、妊娠おめでとうございます！　これから長い妊娠生活を送ることになりますが、その間に女性の体は大きく変化していき、そして最初は受精卵だったおなかの中の赤ちゃんも成長を遂げていきます。ここでは、一般的な妊娠の経過を解説します。

　　体調や体の変化、赤ちゃんの育ち方には個人差がありますので、100％この通りではない場合もあります。心配なことがあれば、かかりつけの医療機関に問い合わせてくださいね。

妊娠初期　〜 7 週　　　　〜 11 週

妊娠0〜7週
（1〜2カ月）

　生理が遅れて初めて妊娠したことに気付くことがほとんどです。胸やけ、吐き気などのつわり症状、眠気なども出てきますが、個人差はかなりあります。この頃の赤ちゃんは細胞分裂を繰り返し、体長は8〜10mm。頭・胴・手足・しっぽができ、やがて指や目・口・耳が出来てきます。まだ胎児ではなく、胎芽と呼ばれる時期です。

妊娠8〜11週
（3カ月）

　この時期の赤ちゃんは、胎芽と呼ばれる状態から胎児へと成長していきます。からだの主な器官はみるみる発達し、その機能はほぼ出来上がると言われています。10週目頃には「超音波ドップラー」という機械で赤ちゃんの心音が確認できます。その音はまるで馬のひづめの音のように軽快で、大人の心拍よりずっと早くて驚きます。

妊娠 12 〜 15 週
（4カ月）

　12 週になると、胎児の身長はほぼ 10 センチほど、体重は 1 週間で倍々に増えていきます。このころには、羊水を口から飲み込んで吐き出すこともできるようになっています。

妊娠 20 〜 23 週
（6カ月）

　そろそろ、おなかがぽっこり出てくる時期です。胎児は 20 週でおよそ 300g、身長は 26 〜 27 センチになっています。羊水の量も多くなりますので、赤ちゃんはおなかの中であっちこっちと動き回っています。まゆ毛やまつ毛も生えてきて、目があくようになり、光を感じるようになります。

〜15 週　　〜23 週

妊娠中期

〜19 週

妊娠 16 〜 19 週
（5カ月）

　胎盤も完成して、母親のつわりもだいぶおさまってきます。いわゆる「安定期」と呼ばれる時期に入りました。胎動が初めてわかるのもこの頃が多いです。胎児は、骨格や筋肉がしっかりしてきて、手足を活発に動かすようになり、髪の毛やつめも生え始めます。からだ全体が大きくなってきて、これまでのように頭でっかち状態ではなくなり、バランスのとれた体つきに。指しゃぶりをしたり、口から飲んだ羊水をおしっことして排泄するようにもなっています。

妊娠後期

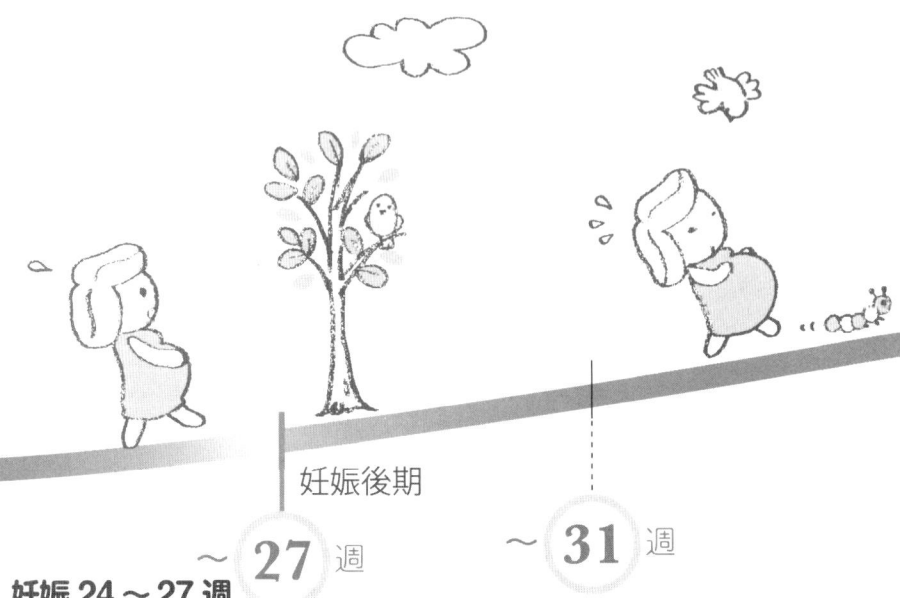

~ 27 週

妊娠24〜27週（7カ月）

　おなかがぐんと重たく感じられるとともに、時々おなかの張りも感じるようになります。胎児の体重は700g〜1000gにもなり、からだは、胎脂（たいし）で被われています。脳も発達して、からだ全体のバランスをコントロールできるようになっているので、自分の意思でからだの向きを変えることができます。耳も聞こえるようになってきますので、たくさん声をかけてあげてくださいね。

~ 31 週

妊娠28〜31週（8カ月）

　おなかはますます大きくなり、仰向けで寝るのが苦しくなったりします。これは、仰向けで寝ると子宮の下になった大静脈が子宮の下敷きとなって圧迫されるためです。胎児は皮下脂肪をつけ、羊水は量が多くなっています。

生まれた！

妊娠32〜35週
（9カ月）

　子宮がさらに大きくなって、内臓が圧迫されて胸焼けや息切れが起こったり、トイレが近くなったりします。胎児の体重は1600g〜2000gへと成長し、皮下脂肪がますますついて、赤ちゃんらしくなっています。

妊娠36〜39週
（10カ月）

　もういつ生まれてもいい時期（正期産）に入ります。妊娠42週目までは正期産ですので、のんびりと待ちの姿勢でいましょう。安心してお産に臨める工夫をすることで、リラックスできて安産にもつながります。出産日は赤ちゃんが決めるもの。赤ちゃんの健康状態をチェックしながら、残り少ないマタニティーライフを楽しんでくださいね。

妊娠初期
(〜満15週、1カ月〜4カ月)

　妊娠週数は最終月経の開始日から数えます。ですので月経予定日を過ぎて間もない頃にはすでに4週が経っていて、5週目に入っているという計算になります。市販薬で検査して陰性だったとしても、さらに数日月経が来ない場合には、もう一度検査してみるといいでしょう。胸焼け、吐き気などのつわり症状が起こり始めます。ですが、つわりを全く感じない人から、重症の妊娠悪阻（おそ）で入院する人も。眠気や乳房の張りを感じる人もいます。

　妊娠8〜11週の時期はほかの時期に比べて、母親がのんだ薬やレントゲン放射を受けた場合、赤ちゃんに影響する可能性が高いため、安易に薬をのんだり、レントゲン検査を受けることは避けましょう。万が一、妊娠がわかる前にそれらをしていても、薬の種類や、飲んだ量、時期によって影響度は異なりますので、産婦人科の医師に相談しましょう。**(助産師いしかわ)**

　体調や体の変化、赤ちゃんの育ち方には個人差がありますので、100%この通りではない場合もあります。心配なことがあれば、かかりつけの医療機関に問い合わせてくださいね。

どこで生む？
生み場所の選び方

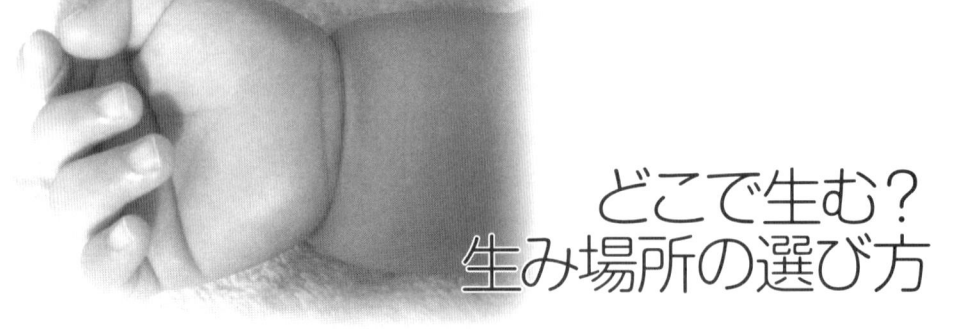

　自分は「どんなお産がしたいのか」を考えてみましょう。多くの方がとりあえず近くの産院を受診したり、知人などに評判のいい産院を聞いたりします。まずは自分の目で確かめるのがベストです。

　施設が大きくなればなるほど、医療設備も整ってきますが、医療者とのコミュニケーションがいまひとつという声も。また一方、小規模の産院では、アットホームな雰囲気だったり、食事やエステなどのサービスがあったり、きれいなお部屋も魅力。しかし、医師や助産師が少ない場合もあります。また、産院や自宅分娩で信頼できる助産師に付いてもらってお産をするという選択もあります。

　いずれにせよ、まずは自分の体の状態を把握し、さらに家庭の事情や家族の協力などを加味して、なるべく「幸せなお産」ができる施設を選択するといいでしょう。どうしても合わないと思った時には転院もアリ！ですよ。（助産師いしかわ）

大学病院
　最新の医療設備が整い、産科以外にも専門の科があるので、合併症などのリスクがある場合に安心してお産ができる。待ち時間は一般的に長い。健診の時と、お産の時の医師が違うこともある。また、実習生や研修医がお産や健診に立ち会うことが多い。

総合病院
　最新の医療設備、産科以外にも専門の科があるので、合併症などのリスクがある場合に安心。待ち時間は長い。お産は当直医になる場合が多い。

産婦人科病院
　ベッド数が20床以上の施設を「病院」と呼ぶ。ほぼ総合病院の産婦人科に準ずるが、大学病院や総合病院に比べ、医療者とのコミュニケーションが比較的とりやすい。

産婦人科診療所
　ベッド数が19床以下の施設を「診療所」と呼ぶ。健診からお産まで同じ先生に見てもらえるが、夜間や休日は外部の医師が出張してくることも。リスクがある場合、関連病院へ転院になる。助産師がいない、または少人数で、看護師がお産をみることも。

助産院
　健康で正常な妊産婦のみ、助産院でお産ができるため、妊娠中からの指導を重要視している。自宅などでアットホームなお産ができる。緊急の場合は提携病院へ転送、または医師に来てもらう。産後指導やおっぱいのケアなどを重視している。

産婦人科の病院・診療所・助産院アンケート

　編集部では、沖縄県に産科・婦人科として届出のある病院・診療所（計84カ所）、助産院（15カ所）を対象としたアンケートを実施いたしました。
　本項では、回答が得られた38カ所（助産院は5カ所）分を掲載しています。

＊産婦人科として届け出て開業してはいるものの、「妊婦健診の扱いがない」「お産を扱っていない」という理由で回答が得られなかった機関もあります。
＊内容は2009年6月現在のものです。その後、変更になる場合がありますので詳しくは当該機関にお尋ねください。
＊回答が得られなかった項目については「―」で表示していますが、割愛したものもあります。
※医療上の必要その他の理由により、必ずしも回答の限りではない場合もあります。

アンケート質問項目

【基本情報】
住所・電話番号・FAX番号・診療時間・休診日・駐車場台数・サイトURL・メールアドレス

【病院について】
（総合病院の場合は産婦人科の場合のみ）
医師数（男性〇人、女性〇人）
主治医制か当直医制か
助産師（常勤〇人、非常勤〇人）
分娩の取り扱いの有無（ない場合、健診を受けられる週数）

【外来について】
エコー診断の有無（3D・4Dなど）
エコー写真や映像の提供を行っているか（無料・有料）
母乳外来の有無・金額・予約受付の有無・休診・通院者以外の受け入れ
助産師外来の有無・金額・予約受付の有無・休診・通院者以外の受け入れ

【施設について】
LDR出産の可否
入院施設の有無（個室〇床、大部屋〇床、畳間の有無、部屋予約の可否）

【お産について】
分娩時（分娩台での出産のみ・個室・畳間等での分娩が可能）
産婦の好きな姿勢での出産の可否
会陰切開の実施について（行う・希望があればなるべく行わない）
バースプランの提出の可否
カンガルーケアの有無
無痛分娩の対応状況
通常分娩時の立ち会い出産の可否
帝王切開時の立ち会い出産の可否
陣痛時の入浴の可否

【入院中の生活】
一般的な入院期間（通常分娩〇日、帝王切開〇日）
母子同室かどうか（完全母子同室・希望する場合は同室・別室）
面会時間（〇時～〇時）
赤ちゃんのおむつ（紙・布おむつ・紙布併用）
家族の宿泊の可否

【入院中の母乳指導について】
母乳に関する指導の有無
助産師による指導およびケアの有無
入院中の授乳（基本的に母乳・基本的にミルク）
夜間の授乳（直接母乳・病院がミルクをあげる・希望に応じる）
母乳の出が悪い時は（糖水などをあげて様子を見、母乳を継続・こだわらずミルクに切り替える）

【産後サービスについて】
エステ、フットマッサージ、祝い膳などのサービスの有無

【講座など】
マタニティ教室（実施の有無・両親教室・母親教室）
マタニティヨガ（実施の有無・費用・通院者以外の受講の可否）
マタニティスイミング（実施の有無・費用・通院者以外の受講の可否）
マタニティビクス（実施の有無・費用・通院者以外の受講の可否）
その他講座（実施の有無・費用・通院者以外の受講の可否）
産後の講座等（離乳食講座・ベビーマッサージなど）

特別な取り組み、PRポイント等（自由回答）

初期～満15週まで

病院・診療所

■那覇・南部

石川産婦人科
〒900-0021
那覇市泉崎2-20-2
電話 098-832-3351

診療時間	9時〜18時
休診日	火・木午後・日・祝
医師数	1（男1）
分娩の取扱	なし

【外来について】

エコー診断	あり
エコー写真や映像の提供	無料

糸数病院
〒900-0012
那覇市泊1-28-1
電話 098-863-4103
FAX 098-862-2228

診療時間	9時〜18時
休診日	土午後・日・祝
駐車場	約40台
メール	itokazu-hospital@itokazu-h.com
医師数	5（男3、女2）当直医制
助産師	15（常勤12、非常勤3）
分娩の取扱	あり

【外来について】

エコー診断	あり
エコー写真や映像の提供	無料
母乳外来	なし
助産師外来	あり（通院者のみ1,000円〜3,000円、要予約、休診は外来に準ずる）

【施設について】

LDR出産	可
入院施設	個室18床、大部屋17床、畳間3床、予約不可

【お産について】

分娩の場所	分娩台のみ
好きな姿勢での出産	可（ベビーの状態による）
会陰切開	行う
バースプランの提出	可
カンガルーケア	あり
無痛分娩	対応していない
立ち会い出産	通常分娩時…夫のみ、帝王切開時…不可
陣痛時の入浴	可

【入院中の生活】

入院期間	通常分娩…出産日の翌日から数えて4日、帝王切開…同じく7日　希望する場合は母子同室
面会時間	9時〜21時
おむつ	紙
家族の宿泊	個室のみ可

【入院中の母乳指導について】

母乳指導	あり（授乳指導、漢方処方、マッサージなど）
助産師による指導・ケア	あり（マッサージ、鍼など）
入院中の授乳	基本的に母乳
夜間の授乳	母乳・ミルクは希望に応じる
母乳の出が悪い時は	ママの希望を尊重しています。（母乳は推進）

【産後サービス】
退院前日に夫婦揃ってディナー（無料）、エステマッサージ

【講座など】
両親教室　マタニティヨガ（500円／回、通院者以外は不可）　マタニティビクス（500円／回、通院者以外は不可）　プレネイタルビジット（小児科ドクターからのアドバイス、

毎週第3土曜日14時〜16時）ベビービクス（1カ月健診後のベビー対象、500円／回）

伊波レディースクリニック

〒903-0806
那覇市首里汀良町1-8-2
電話 098-885-5435
FAX 098-885-5440

診療時間	9時〜18時（水・土9時〜13時）
休診日	水・土午後、日祝
駐車場	18台
医師数	1（男1）
助産師	7（常勤5、非常勤2）
分娩の取扱	あり

【外来について】

エコー診断	あり（4D）
エコー写真や映像の提供	無料
母乳外来	あり（要予約、通院者のみ）
助産師外来	あり（要予約、通院者のみ）

【施設について】

LDR出産	可
入院施設	個室12床・予約不可

【お産について】

分娩の場所	分娩台のみ
好きな姿勢での出産	可
会陰切開	希望があればなるべく行わない
バースプランの提出	可
カンガルーケア	あり
無痛分娩	—
立ち会い出産	通常分娩…希望があれば何人でも可、帝王切開…希望があれば3人まで
陣痛時の入浴	可（状況に応じ）

【入院中の生活】

入院期間	通常分娩…4日、帝王切開…7日（希望する場合は母子同室）
面会時間	11時〜22時
おむつ	紙
家族の宿泊	全室可

【入院中の母乳指導について】

母乳指導	あり
助産師による指導・ケア	あり
入院中の授乳	基本的に母乳
夜間の授乳	直接母乳
母乳の出が悪い時は	糖水などをあげて様子を見、母乳を継続

【産後サービス】

祝い膳（無料、付き添いの方は有料）

【講座など】

母親教室、ストレッチ教室（無料、通院者のみ）、離乳食講座（無料、定員に空きがあれば通院者以外も有料で受講可）、ベビーマッサージ（無料、定員に空きがあれば通院者以外も有料で受講可）

沖縄赤十字病院

〒900-8611
那覇市古波蔵4-11-1
電話 098-853-3134
FAX 098-853-7811

診療時間	8時30分〜11時、13時〜16時
休診日	土午後・日・祝、慰霊の日
駐車場	136台
メール	rc_soumu@rcs.co.jp
医師数	4（男2、女2）当直医制
助産師	25（常勤24、非常勤1）
分娩の取扱	あり

【外来について】

エコー診断	あり（3D）

初期〜満15週まで

エコー写真や映像の提供	無料
母乳外来	あり（1,000円／回、要予約、通院者以外も可）
助産師外来	なし

【施設について】

LDR出産	不可
入院施設	個室4床、大部屋6床、予約不可

【お産について】

分娩の場所	分娩台のみ
好きな姿勢での出産	不可
会陰切開	必要時のみ
バースプランの提出	不可
カンガルーケア	あり

無痛分娩	対応していない
立ち会い出産	通常分娩時…希望があれば何人でも、帝王切開時…不可
陣痛時の入浴	不可

【入院中の生活】

入院期間	通常分娩…6日、帝王切開…10日、希望する場合は母子同室
面会時間	14時〜19時
おむつ	紙
家族の宿泊	不可

【入院中の母乳指導について】

母乳指導	あり
助産師による指導・ケア	あり

コラム 病院アンケートを通して

アンケートを実施する中で、病院さんからこんな意見が上がりました。

○会陰切開は母体を守るための重要な医療行為。切る・切らないという判断に、産婦さんの意見を取り入れるというのは難しいのでは？

○エコー等は妊婦検診に欠かせない医療器具で、妊婦さんへの「サービス」としてとらえるのはどうなのか？

○病院の良し悪しが、講座やサービスの充実度で図られるのはいかがなものか。

この意見を聞いた時、私ははっとなりました。「大事なのは一にも二にも『安全なお産』である」。そういう大切なことに気づかされました。

一方で、妊婦さんは情報不足に悩んでいます。初めての妊娠で、どこにどんな病院があるかも分からない人も多く、ネットの情報だけが頼りという妊婦さんも多いです。会陰切開に対して不安のある妊婦さん、自分の体の状態をきちんと把握して、納得のいくお産をしたい、と考える妊婦さんも少なくないでしょう。

考え方は人それぞれであり、どっちがいい、悪いの判断などつくはずもありません。産み場所の選択には、その人なりの基準が必要なのだと考えさせられる出来事でした。

そういうニーズや、アンケートに答えていただいた病院さんのご厚意に応える意味でも、病院から出された正確な情報、ご意見を掲載することが大切ではないかと考えます。

もちろん、このアンケートは病院を評価したり、ランク付けするものでは決してありません。どの病院でも、「安全にお産をすること」が大前提なのですから。

本書のアンケートがその一助になればいいと思います。(編集部K)

初期〜満15週まで

入院中の授乳	基本的に母乳
夜間の授乳	母乳・ミルク希望に応じる
母乳の出が悪い時は	糖水などをあげて様子を見、母乳を継続

【講座など】母親学級（両親も可）

【病院からのコメント】
2010年5月那覇市与儀に移転予定です。

たから産婦人科
〒902-0073
那覇市上間171
電話 098-853-3511
FAX 098-853-5060

診療時間	9時〜18時
休診日	日・祝
駐車場	50台
メール	mukashisanba@takarakko.jp
医師数	3（男2、女1）主治医制
助産師	5（常勤1、非常勤4）
分娩の取扱	あり

【外来について】

エコー診断	あり
母乳外来	あり（できれば予約を）日祝休診・通院者以外も可
助産師外来	あり（保健指導中心）金額はケースバイケース、予約不要、日祝休診、通院者のみ

【施設について】

LDR出産	不可
入院施設	個室12床、大部屋7床、畳間あり、予約不可

【お産について】

分娩の場所	分娩台のみ
好きな姿勢での出産	ー
バースプランの提出	可
カンガルーケア	あり

無痛分娩	対応していない
立ち会い出産	通常分娩…人数は状況に応じて判断、帝王切開…不可
陣痛時の入浴	シャワー可

【入院中の生活】

入院期間	通常分娩…7日、帝王切開…10日、希望する場合は母子同室
面会時間	15時〜20時
おむつ	紙・布併用
家族の宿泊	個室のみ可

【入院中の母乳指導について】

母乳指導	あり（チェックリスト使用）
助産師による指導・ケア	あり（チェックリスト使用）
入院中の授乳	基本的に母乳
夜間の授乳	直接母乳
母乳の出が悪い時は	母乳を継続、治療上の必要に応じてミルクに切り替える

【講座など】
両親教室・母親教室、マタニティヨガ（無料、通院者のみ）、ベビーマッサージ（初回のみ500円、2回目以降は参加費不要。オイル代別途。通院者以外の受講は事前の相談に応じるが、参加者が多い場合はお断りする場合も）

【病院からのコメント】
　当院にて産後1ヶ月以内の育児相談および乳房トラブルへの手当てなどは無料で応じている（助産師外来にて、夜間は病棟にて）。
　分娩時のアロマ（香り）、BGMなどはできるだけリクエストにお応えしたいと思います。（日曜・祝祭日、夜間は除く）

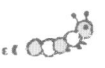

仲地産婦人科クリニック

〒900-0016
那覇市前島 2-22-8
電話 098-863-3588

診療時間	9時〜18時
休診日	日祝・年末年始
駐車場	14台
医師数	1（男1）
分娩の取扱	あり

【外来について】

エコー診断	あり（3D）
エコー写真や映像の提供	無料
母乳外来	なし
助産師外来	なし

【施設について】

LDR出産	不可
入院施設	個室10床、大部屋6床、特室（畳間有・予約可）1床

【お産について】

分娩の場所	分娩台のみ
好きな姿勢での出産	不可
会陰切開	行う
バースプランの提出	ー
カンガルーケア	ー
無痛分娩	対応していない
立ち会い出産	通常分娩…基本的に夫のみ、帝王切開…不可
陣痛時の入浴	不可

【入院中の生活】

入院期間	通常分娩…7日、帝王切開…14日
面会時間	11時30分〜21時
おむつ	紙
家族の宿泊	個室のみ可

【入院中の母乳指導について】

母乳指導	あり
助産師による指導・ケア	なし
入院中の授乳	基本的に母乳
夜間の授乳	希望に応じる
母乳の出が悪い時は	こだわらずミルクに切り替える

【講座など】母親教室

那覇市立病院

〒902-8511
那覇市古島 2-31-1
電話 098-884-5111
FAX 098-885-9596

診療時間	8時45分〜17時
休診日	土・日・祝・慰霊の日・年末年始
駐車場	230台
メール	hapdt@nch.naha.okinawa.jp
医師数	5（男2、女3）当直医制
助産師	23（常勤21、非常勤2）
分娩の取扱	あり

【外来について】

エコー診断	あり
エコー写真や映像の提供	無料
母乳外来	あり(1,500円／回、要予約、通院者以外も可)
助産師外来	なし

【施設について】

LDR出産	不可
入院施設	大部屋40床、予約不可

【お産について】

分娩の場所	分娩台のみ
好きな姿勢での出産	不可
会陰切開	希望があればなるべく行わない
バースプランの提出	可
カンガルーケア	あり
無痛分娩	対応している

立ち会い出産	通常分娩時…夫のみもしくは1人のみ、帝王切開時…不可
陣痛時の入浴	不可

【入院中の生活】

入院期間	通常分娩…6〜7日、帝王切開…10日、希望する場合は母子同室
面会時間	15時〜20時
おむつ	紙
家族の宿泊	不可

【入院中の母乳指導について】

母乳指導	あり（乳房マッサージ）
助産師による指導・ケア	あり（母乳分泌の状態の確認など）
入院中の授乳	基本的に母乳
夜間の授乳	母乳・ミルク希望に応じる
母乳の出が悪い時は	糖水などをあげて様子を見、母乳を継続

【産後サービス】 祝い膳（無料）

【講座など】 両親教室

【病院からのコメント】
小児科病棟に新生児集中治療室を有しているので、早産や低出生体重児などのハイリスク分娩時にも対応しています。

新田クリニック

〒 900-0016
那覇市前島 1-14-3
電話 098-863-0073
FAX 098-863-0079

診療時間	9時30分〜18時
休診日	水・土午後、日祝
駐車場	10台
医師数	1（男1）
助産師	2（常勤1、非常勤1）
分娩の取扱	あり

【外来について】

エコー診断	あり
エコー写真や映像の提供	あり
母乳外来	あり（要予約、通院者以外も可）
助産師外来	なし

【施設について】

LDR出産	不可
入院施設	個室10床、大部屋6床、畳間あり、予約可

【お産について】

分娩の場所	分娩台のみ
好きな姿勢での出産	不可
会陰切開	希望があればなるべく行わない
バースプランの提出	―
カンガルーケア	あり
無痛分娩	対応している
立ち会い出産	通常分娩…希望があれば何人でも、帝王切開…不可
陣痛時の入浴	不可

【入院中の生活】

入院期間	通常分娩…6日、帝王切開…11日、母子同室かどうか希望があれば同室
面会時間	13時〜21時
おむつ	紙
家族の宿泊	個室のみOK

【入院中の母乳指導について】

母乳指導	あり
助産師による指導・ケア	あり
入院中の授乳	基本的に母乳
夜間の授乳	希望に応じる
母乳の出が悪い時は	糖水などをあげて様子を見、母乳を継続

【講座など】 母親教室、ベビーマッサージ

【病院からのコメント】
ソフロロジー分娩及び無痛分娩（硬膜外麻酔）を実施しています。

初期〜満15週まで

医療法人友愛会
豊見城中央病院
〒 901-0243
豊見城市字上田 25
電話 098-850-3811
FAX 098-850-3810

診療時間	8 時 30 分〜17 時
休診日	金・日
駐車場	350 台
メール	webmaster@yuuai.info
医師数	12（男 8、女 4）
助産師	18（常勤 18）
分娩の取扱	あり

【外来について】

エコー診断	あり
エコー写真や映像の提供	ビデオのみ（無料）
母乳外来	あり（1,500 円／回、要予約、通院者のみ）
助産師外来	あり（500 円、要予約、通院者のみ）

【施設について】

LDR 出産	可
入院施設	10 床、大部屋 12 床

【お産について】

分娩の場所	個室での分娩
好きな姿勢での出産	可
会陰切開	希望があればなるべく行わない
バースプランの提出	可
カンガルーケア	あり
無痛分娩	対応していない
立ち会い出産	通常分娩時…希望があれば何人でも、帝王切開時…不可
陣痛時の入浴	不可

【入院中の生活】

入院期間	通常分娩…6 日、帝王切開…9 日、完全母子同室
面会時間	15 時〜20 時
おむつ	紙
家族の宿泊	個室のみ可

【入院中の母乳指導について】

母乳指導	あり
助産師による指導・ケア	あり
入院中の授乳	基本的に母乳
夜間の授乳	直接母乳、希望に応じる
母乳の出が悪い時は	母乳を継続、必要時ミルクに切り替える

【講座など】
両親教室、赤ちゃんサークル（200 円／回、通院者のみ）

【病院からのコメント】
LDR や個室が多く、赤ちゃんを含め家族で過ごせる病棟です。総合病院のため他科のバックアップがあり、合併症に対応可能・小児科とともに新生児管理しています。

医療法人松和会
まつだクリニック
〒 901-1303
与那原町字与那原 3678
電話 098-944-7400
FAX 098-944-7401

診療時間	火・木の 8 時 30 分〜12 時 30 分
駐車場	20 台
医師数	1（女 1）主治医制
分娩の取扱	なし（健診 32 週まで）

【外来について】

エコー診断	あり（4D）

エコー写真や映像の提供	あり（写真1,500円）
母乳外来	なし
助産師外来	なし

```
医療法人沖縄徳洲会
南部徳洲会病院
〒901-0493
八重瀬町字外間171-1
電話 098-998-3221
FAX 098-998-3220
```

診療時間	月・金9時～12時、14時～17時 水・木・土（第1、3、5）9時～12時
休診日	火・日・祝・土（第2、4）
駐車場	410台
メール	postmaster@nantoku.org
医師数	1（男1）主治医制
助産師	5（常勤5）
分娩の取扱	あり

【外来について】

エコー診断	あり
エコー写真や映像の提供	無料
母乳外来	なし
助産師外来	なし

【施設について】

LDR出産	可
入院施設	個室10床、大部屋16床、予約不可

【お産について】

分娩の場所	個室で可
好きな姿勢での出産	可
会陰切開	希望があればなるべく行わない
バースプランの提出	可
カンガルーケア	あり
無痛分娩	対応していない

立ち会い出産	通常分娩時…希望があれば何人でも、帝王切開時…不可
陣痛時の入浴	可

【入院中の生活】

入院期間	通常分娩…6日、帝王切開…7日、完全母子同室
面会時間	15時～20時
おむつ	紙
家族の宿泊	個室のみ可

【入院中の母乳指導について】

母乳指導	あり（乳房ケア）
助産師による指導・ケア	あり（沐浴、授乳）
入院中の授乳	基本的に母乳
夜間の授乳	母乳・ミルク希望に応じる
母乳の出が悪い時は	こだわらずミルクに切り替える

【産後サービス】

祝い膳、全身マッサージ（無料）

【講座など】

両親教室、ベビーマッサージ（無料、通院者以外も受講可）

```
医療法人友愛会
南部病院
〒901-0362
糸満市字真栄里870
電話 098-994-0501
FAX 098-994-0506
```

診療時間	9時～
休診日	金・土・日
駐車場	273台
メール	webmaster@yuuai.info
医師数	4（男4）
助産師	1（常勤1）
分娩の取扱	なし（健診34週まで）

初期～満15週まで

【外来について】

エコー診断	あり
エコー写真や映像の提供	無料
母乳外来	なし
助産師外来	なし

かみや母と子のクリニック

〒 901-0301
糸満市字阿波根 1552-2
電話 098-995-3511
FAX 098-995-2877

診療時間	月～水・金9時～18時、木9時～12時、土9時～17時
休診日	日
駐車場	第一、第二、第三駐車場
医師数	2（男1、女1）
助産師	14
分娩の取扱	あり

【外来について】

エコー診断	希望者のみ（3D）
エコー写真や映像の提供	無料
母乳外来	あり（要予約、1,500円／回、通院者以外も可）
助産師外来	あり（要予約、1,500円／回、通院者以外も可）

【施設について】

LDR出産	可
入院施設	個室15床、大部屋4床、畳間あり、予約不可

【お産について】

分娩の場所	分娩室のみ。分娩台のほかにベッドや床などでも可
好きな姿勢での出産	可
会陰切開	希望があればなるべく行わないが、絶対ではない
バースプランの提出	可
カンガルーケア	あり

無痛分娩	対応していない
立ち会い出産	通常分娩…夫（産む人にとって必要な人）のみ、帝王切開…夫のみ
陣痛時の入浴	可

【入院中の生活】

入院期間	通常分娩…初産の場合産後6日目退院、経産の場合産後5日目退院、帝王切開…7日、完全母子同室
面会時間	15時～21時
おむつ	紙・布併用
家族の宿泊	個室のみ可

【入院中の母乳指導について】

母乳指導	あり（授乳指導）
助産師による指導・ケア	あり（必要時に乳房マッサージ）
入院中の授乳	基本的に母乳
夜間の授乳	直接母乳
母乳の出が悪い時は	糖水などをあげて様子を見、母乳を継続

【産後サービス】エステ、祝い膳（無料）

【講座など】

両親教室、母親教室、マタニティーヨガ（500円、通院者以外は1,000円／回）、マタニティビクス（500円、通院者以外は1,000円／回）アフタービクス（500円／回）、ベビーマッサージ（500円／回）、育児サークル（無料）

【病院からのコメント】

母乳育児支援に力を入れています。ベビーフレンドリーホスピタルに認定されています。

■中部

上里産婦人科医院
〒901-2126
浦添市宮城 6-4-25
電話 098-879-1231

診療時間	月～金9時～18時（午前9時～13時、午後14時～18時受付）、土9時～13時
休診日	土午後、日祝

医療法人仁愛会 浦添総合病院
〒901-2132
浦添市伊祖 4-16-1
電話 098-878-0231
FAX 098-877-2518

診療時間	9時～17時30分
休診日	木・土・日
医師数	3（男2、女1）当直医制
助産師	27（常勤20、非常勤7）
分娩の取扱	あり

【外来について】

エコー診断	あり（3D）
エコー写真や映像の提供	有料（210円）
母乳外来	あり（1,500円／回）要予約
助産師外来	あり①妊婦健診（3,500円）②産後2週間健診（2,000円）③産後1ヶ月健診（2,000円）要予約（休診土、日）通院者のみ

【施設について】

LDR出産	不可
入院施設	個室12床、大部屋10床、予約不可

【お産について】

分娩の場所	個室での分娩可
好きな姿勢での出産	可
会陰切開	原則行わない
バースプランの提出	可
カンガルーケア	あり
無痛分娩	対応していない
立ち会い出産	通常分娩時…希望があれば何人でも、帝王切開時…希望があれば何人でも
陣痛時の入浴	可

【入院中の生活】

入院期間	通常分娩…5～6日、帝王切開…6～7日、完全母子同室
面会時間	16時～20時
おむつ	布
家族の宿泊	個室のみ可

【入院中の母乳指導について】

母乳指導	あり（母乳育児指導、自律授乳指導）
助産師による指導・ケア	あり（頻回授乳指導、ポジショニング、ラッチオン等母乳育児観察指導、必要時搾乳・ハーブティー飲用・鍼灸で乳成分分泌促進ケア）
入院中の授乳	基本的に母乳
夜間の授乳	直接母乳
母乳の出が悪い時は	糖水などをあげて様子を見、母乳を継続

【産後サービス】 祝い膳

【講座など】
両親教室、母親教室、マタニティーヨガ（300円／回、通院者以外も受講可）、育児サークル（無料）、ベビーマッサージ（2回分3,000円、3回目以降500円／回、通院者のみ）

【病院からのコメント】
◆妊娠中から「自分の赤ちゃん、自分のお産」と主体性がもてるような関わりをし、分娩までに「バースプラン（お産の企画書）」を全員

初期～満15週まで

に書いてもらっている。
◆母子の早期接触で自然分娩も帝王切開も出生直後からのカンガルーケアの実施
◆WHO、ユニセフ「母乳育児を成功させるための10ヵ条」に沿った母乳育児支援・浦添市の委託事業「新生児・褥婦訪問」の実施
◆開業助産師の連携医療機関として自宅分娩のサポート

バークレーレディースクリニック

〒901-2104
浦添市当山2-2-11 バークレーズメディカルモール5F
電話 098-873-1135
FAX 098-873-1132

診療時間	9時〜17時（水・土9時〜13時）
休診日	金午後
駐車場	900台
医師数	3（女3）当直医制
助産師	9（常勤4、非常勤5）
分娩の取扱	あり

【外来について】

エコー診断	あり
エコー写真や映像の提供	無料
母乳外来	なし
助産師外来	なし

【施設について】

LDR出産	不可
入院施設	個室9床、畳間あり、予約不可

【お産について】

分娩の場所	分娩台のみ
好きな姿勢での出産	可
会陰切開	希望があればなるべく行わない
バースプランの提出	不可

カンガルーケア	あり
無痛分娩	対応してない
立ち会い出産	通常分娩…夫のみ、帝王切開…不可
陣痛時の入浴	可

【入院中の生活】

入院期間	通常分娩…5日、帝王切開…7日、希望する場合は母子同室
面会時間	9時〜22時
おむつ	紙
家族の宿泊	個室のみOK

【入院中の母乳指導について】

母乳指導	あり
助産師による指導・ケア	あり
入院中の授乳	基本的に母乳
夜間の授乳	直接母乳、希望に応じる
母乳の出が悪い時は	糖水などをあげて様子を見、母乳を継続

【産後サービス】祝い膳（無料）

【講座など】母親教室、マタニティーヨガ

愛知クリニック

〒901-2206
宜野湾市字愛知16-1
電話 098-892-3511
FAX 098-892-6416

診療時間	月・土9時〜12時15分、火・金9時〜12時15分・17時30分〜20時30分、水・木9時〜12時15分・14時〜18時
休診日	日・祝・土午後
駐車場	15台
医師数	1（男1）
助産師	3（常勤3）
分娩の取扱	あり

アドベンチスト・メディカル・センター

〒903-0201
西原町字幸地868
電話 098-946-2833
FAX 098-946-7137

診療時間	9時〜17時
休診日	金午後・土・病院の定める休日
メール	shomu@amc.gr.jp
医師数	4（男3、女1）当直医制
助産師	9（常勤6、非常勤3）
分娩の取扱	あり

【外来について】

エコー診断	あり（3D）
エコー写真や映像の提供	エコー写真は無料、3Dは5,000円、他の病院の人は7,000円
母乳外来	あり（3,000円／回、要予約、月・木のみ、通院者以外も可だが料金が少し高くなる）
助産師外来	なし

【施設について】

LDR出産	不可
入院施設	個室8床、大部屋8床、予約不可

【お産について】

分娩の場所	分娩台のみ
好きな姿勢での出産	可
会陰切開	行う
バースプランの提出	可
カンガルーケア	あり
無痛分娩	和痛で対応している
立ち会い出産	通常分娩時…夫のみもしくは1人のみ、帝王切開時…夫のみもしくは1人のみ
陣痛時の入浴	可

【外来について】

エコー診断	あり（4D）
エコー写真や映像の提供	無料
母乳外来	なし
助産師外来	なし

【施設について】

LDR出産	不可
入院施設	個室4床、大部屋15床、予約不可

【お産について】

分娩の場所	分娩台のみ
好きな姿勢での出産	可
会陰切開	希望があればなるべく行わない
バースプランの提出	可
カンガルーケア	あり
無痛分娩	対応していない
立ち会い出産	通常分娩…夫のみ、帝王切開…不可
陣痛時の入浴	可（シャワー浴）

【入院中の生活】

入院期間	通常分娩…7日、帝王切開…12日、希望する場合は母子同室
面会時間	14時〜21時
おむつ	紙・布併用
家族の宿泊	個室のみOK

【入院中の母乳指導について】

母乳指導	あり（母乳のメリットなど）
助産師による指導・ケア	あり（抱き方、ふくませかた、マッサージなど）
入院中の授乳	基本的に母乳
夜間の授乳	希望に応じる
母乳の出が悪い時は	糖水などをあげて様子を見、母乳を継続（可能な限り）

【講座など】母親教室

初期〜満15週まで

【入院中の生活】

入院期間	通常分娩…6日、帝王切開…7日、希望する場合は母子同室
面会時間	15時〜20時
おむつ	紙
家族の宿泊	個室のみ可

【入院中の母乳指導について】

母乳指導	あり
助産師による指導・ケア	あり（乳房・乳頭マッサージ）
入院中の授乳	基本的に母乳
夜間の授乳	直接母乳、希望に応じる
母乳の出が悪い時は	本人と相談しながら決める

【産後サービス】祝い膳（無料）

【講座など】

両親教室、母親教室、マタニティビクス（500円／回、通院者のみ）、アフタービクス、マタニティスイミングの紹介あり

【病院からのコメント】

妊婦グループ健診を行っています。1回目の妊婦定期健診以降、出産予定日が近い10〜12人の方がひとつのグループとなり、約14週〜37週まで9回の健診をグループで受けていただく新しいスタイルです。

医療法人裕宝会

儀間クリニック

〒901-2112
西原町字翁長410-1
電話 098-946-6726
FAX 098-946-6851

診療時間	9時〜13時、15時〜19時
休診日	木午後、日午後
駐車場	20台
医師数	1（男1）
分娩の取扱	なし（健診20〜24週）

【外来について】

エコー診断	あり
エコー写真や映像の提供	無料（ビデオテープ）

琉球大学医学部附属病院

〒903-0215
西原町字上原207
電話 098-895-3331
FAX 098-895-1426

診療時間	9時〜14時（受付9時〜11時）
休診日	土・日（火、木は手術日）
駐車場	499台
医師数	18人（男10、女8）当直医、産科専任6人
助産師	15人
分娩の取扱	あり

【外来について】

エコー診断	あり（3D、4D）
エコー写真や映像の提供	無料
母乳外来	なし
助産師外来	なし（健診時に助産師による指導あり）

【施設について】

LDR出産	可
入院施設	個室6床、大部屋12床

【お産について】

分娩の場所	分娩台のみ
好きな姿勢での出産	不可（側臥位可）
会陰切開	行う
バースプランの提出	不可
カンガルーケア	あり
無痛分娩	対応していない
立ち会い出産	通常分娩時…夫のみ、帝王切開時…不可
陣痛時の入浴	可

初期〜満15週まで

【入院中の生活】
入院期間	通常分娩…5日、帝王切開…8日、完全母子同室
面会時間	15時〜20時
おむつ	紙
家族の宿泊	不可

【入院中の母乳指導について】
母乳指導	あり
助産師による指導・ケア	あり
入院中の授乳	基本的に母乳
夜間の授乳	直接母乳
母乳の出が悪い時は	糖水などをあげて様子を見、母乳を継続

【産後サービス】
フットマッサージ、足浴、祝い膳、アロマ

【講座など】
母親教室

【病院からのコメント】
ハイリスク症例は新生児専門医が立ち会います。

医療法人かりゆし会
ハートライフ病院
〒901-2492
中城村字伊集208
電話 098-895-3255
FAX 098-895-2534

診療時間	月〜金9時〜17時、土9時〜12時
休診日	日・祝・土午後（救急は24時間受付）
駐車場	330台
メール	ホームページからお送りください
医師数	3（男3）
助産師	10（常勤10）
分娩の取扱	あり

【外来について】
エコー診断	あり（4D）
エコー写真や映像の提供	DVD、写真無料
母乳外来	あり（210円／回、毎週水曜日、要予約、通院者のみ）
助産師外来	なし（保健指導は、妊娠初期、中期、後期に助産師による個別指導）

【施設について】
LDR出産	可
入院施設	個室5床、大部屋4床、予約不可

【お産について】
分娩の場所	LDR出産可
好きな姿勢での出産	可
会陰切開	希望があればなるべく行わない
バースプランの提出	可
カンガルーケア	あり
無痛分娩	対応している
立ち会い出産	通常分娩時…希望があれば何人でも、帝王切開時…夫のみ
陣痛時の入浴	不可

【入院中の生活】
入院期間	通常分娩…5日、帝王切開…7日、希望する場合はできるだけ母子同室
面会時間	14時〜20時
おむつ	紙
家族の宿泊	個室のみ可

【入院中の母乳指導について】
母乳指導	あり
助産師による指導・ケア	あり
入院中の授乳	基本的に母乳
夜間の授乳	直接母乳
母乳の出が悪い時は	糖水などをあげて様子を見、母乳を継続

29

【産後サービス】
産後全身アロママッサージ 60 分、お祝い膳 2 回（1 回はケーキ付）（無料）

【講座など】
両親教室、マタニティーヨガ（500 円／回、通院者以外も受講可）

【病院からのコメント】
入院から退院まできめ細やかな看護サービスを提供致します。

医療法人彩の会
やびく産婦人科・小児科
〒 904-0111
北谷町字砂辺 306
電話 098-936-6789
FAX 098-936-6793

診療時間	9 時〜18 時
休診日	日
駐車場	60 台
メール	yabiku-k@nirai.ne.jp
医師数	3（男 2 女 1）
助産師	4（常勤 4）
分娩の取扱	あり

【外来について】

エコー診断	あり
エコー写真や映像の提供	あり
母乳外来	あり（要予約、無料、通院者のみ）
助産師外来	あり（要予約、通院者のみ）

【施設について】

LDR 出産	不可
入院施設	個室 15 床、大部屋 4 床、畳間あり、予約可

【お産について】

分娩の場所	分娩台のみ
好きな姿勢での出産	不可
会陰切開	行う

バースプランの提出	可
カンガルーケア	あり
無痛分娩	対応していない
立ち会い出産	通常分娩…夫のみ（もしくは 1 人のみ）
陣痛時の入浴	可

【入院中の生活】

入院期間	通常分娩…5〜6 日、帝王切開…10 日、希望する場合は母子同室
面会時間	9 時〜21 時
おむつ	紙
家族の宿泊	個室のみ OK

【入院中の母乳指導について】

母乳指導	あり（乳房マッサージ、乳房管理）
助産師による指導・ケア	あり（育児指導、退院指導）
入院中の授乳	基本的に母乳
夜間の授乳	母乳・ミルク希望に応じる

【産後サービス】
エステ、フットマッサージ（無料）

【講座など】
両親教室、マタニティヨガ（無料）、マタニティビクス（無料）、アフタービクス（1,000 円、通院者以外も可）

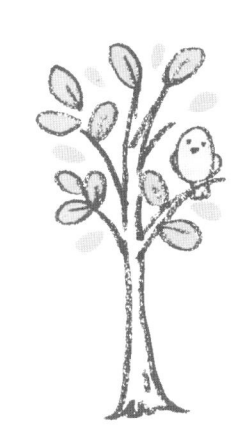

上村病院

〒 904-0003
沖縄市胡屋 1-6-2
電話 098-938-1035
FAX 098-939-4206

診療時間	9 時～18 時
休診日	日・祝・旧盆
駐車場	64 台
医師数	6（男 6）当直医制
助産師	10（常勤 10）
分娩の取扱	あり

【外来について】

エコー診断	あり（4D）
エコー写真や映像の提供	無料
母乳外来	あり（1,500 円／回、要予約、通院者以外も可）
助産師外来	なし（助産師による保健指導外来は実施）

【施設について】

LDR 出産	不可
入院施設	個室 27 床、大部屋 32 床、予約不可

【お産について】

分娩の場所	分娩台のみ
好きな姿勢での出産	可
会陰切開	行う
バースプランの提出	可
カンガルーケア	なし
無痛分娩	対応していない
立ち会い出産	通常分娩時…夫のみ、帝王切開時…不可
陣痛時の入浴	不可

【入院中の生活】

入院期間	通常分娩…5 日、帝王切開…9 日、希望する場合は母子同室
面会時間	11 時～22 時
おむつ	紙
家族の宿泊	個室のみ可

【入院中の母乳指導について】

母乳指導	あり（初回母乳指導、乳房マッサージなど）
助産師による指導・ケア	あり（産褥指導、新生児について、育児指導、沐浴指導など）
入院中の授乳	基本的に母乳
夜間の授乳	母乳・ミルク希望に応じる
母乳の出が悪い時は	母親の同意を得てミルクに切り替え

【産後サービス】

祝い膳（レストランにて、ディナーしながら情報交換、無料）

【講座など】

両親教室、マタニティビクス（無料、通院者以外は 500 円／回）、アフタービクス（500 円／回、通院者以外も可）、離乳食学級（無料、通院者以外も可）

【病院からのコメント】

育児サークル「桃太郎」毎週火曜 10 時～12 時。専属保育士 2 名による子育て支援が行われており毎回 15～20 組の親子さんで盛況です。月 1 回のランチ持ちより会でレシピ交換も行っています。

社会医療法人敬愛会

中頭病院

〒 904-2195
沖縄市字知花 6-25-5
電話 098-939-1300
FAX 098-937-8699

※入院は中頭病院、外来は、ちばなクリニックで対応。詳しい内容はお問い合わせ下さい。

初期～満 15 週まで

ちばなクリニック

〒904-2195
沖縄市字知花6-25-15
電話 098-939-1301

診療時間	8時30分〜17時
休診日	火・木午後・金午前・土午後
駐車場	1,300台
メール	soum@nakagami.or.jp
医師数	5（男3、女2）
助産師	20（常勤19、非常勤1）
分娩の取扱	あり

【外来について】

エコー診断	あり
エコー写真や映像の提供	無料（ただし、メディア代は実費、105円〜160円）
母乳外来	あり（1,000円／回、要予約、通院者以外も可）
助産師外来	あり（5,040円〜9,820円、要予約、通院者のみ）

【施設について】

LDR出産	可
入院施設	個室8床、大部屋3床、予約不可

【お産について】

分娩の場所	個室等で可
好きな姿勢での出産	可
会陰切開	希望があればなるべく行わない
バースプランの提出	可
カンガルーケア	あり
無痛分娩	対応していない
立ち会い出産	通常分娩時…希望があれば2人まで可、帝王切開時…夫のみ
陣痛時の入浴	不可

【入院中の生活】

入院期間	通常分娩…5日、帝王切開…9日、個室の場合は母子同室可
面会時間	13時〜21時
おむつ	紙
家族の宿泊	不可

コラム　助産師を味方につけましょう！

皆さんの中には妊娠してから初めて助産師という職業を知る方も多いでしょう。助産師は新米ママの強い味方！　いわば産前産後のエキスパートです。

日本の法律では正看護師の資格を取らなければ、助産師の資格を取ることができないという国家資格です。

助産師は妊婦さんの良き理解者であり、良きアドバイザーでいたいと常に思っています。また順調な妊娠経過のために、幸せなお産のためにどのようにしたらいいのか。

産後の育児やおっぱい、栄養、ママの体の整え方などをきめ細かくアドバイスしたり、お手伝いをしたりします。さらに少しでも体調に異常があれば、産科医へとつなぐパイプ役もします。

現在、日本では「産科医不足」の問題が深刻ですが、「院内助産院」というシステムが広がりつつあります。正常な妊産婦の場合は、病院でのお産でも助産師が見ていくというもの。

同じ女性で、なおかつ専門的な知識のある助産師がそばに付いている……これほど心強いことはないと思います。妊娠中から、あなたのかかっている産院の助産師さんと仲良くなってくださいね。

また、産院だけではなく、地域で活動する助産師もたくさんいます。（→p41）どんどん助産師を味方につけて、充実した産前産後を送ってくださいね。**（助産師いしかわ）**

【入院中の母乳指導について】

母乳指導	あり
助産師による指導・ケア	あり
入院中の授乳	基本的に母乳
夜間の授乳	直接母乳
母乳の出が悪い時は	糖水などをあげて様子を見、母乳を継続

【講座など】

母親教室（無料）、マタニティビクス（500円／回）

医療法人新明会

中部産婦人科医院

〒904-0012
沖縄市安慶田1-3-20
電話 098-937-8878

診療時間	9時〜18時
休診日	日、祝
医師数	5（男3、女2）
助産師	2（常勤1、非常勤1）
分娩の取扱	あり

【外来について】

エコー診断	あり
エコー写真や映像の提供	あり
母乳外来	あり（要予約、500円、通院者のみ）休診水、土
助産師外来	なし

【施設について】

LDR出産	不可
入院施設	個室19床、大部屋1床、畳間あり、予約不可

【お産について】

分娩の場所	分娩台のみ
好きな姿勢での出産	先生との相談で決める

会陰切開	希望があればなるべく行わない
バースプランの提出	可
カンガルーケア	あり
無痛分娩	対応していない
立ち会い出産	通常分娩…希望があれば何人でも、帝王切開…不可
陣痛時の入浴	不可

【入院中の生活】

入院期間	通常分娩…4〜5日、帝王切開…7〜8日、希望する場合は同室
面会時間	9時〜22時
おむつ	紙
家族の宿泊	個室のみOK

【入院中の母乳指導について】

母乳指導	あり
助産師による指導・ケア	あり
入院中の授乳	基本的に母乳
夜間の授乳	母乳・ミルク希望に応じる
母乳の出が悪い時は	完全母乳希望者は母乳継続、混合希望者はミルクを与えることも。

【産後サービス】

フェイシャル or フットマッサージ（無料）

【講座など】

母親教室、マタニティヨガ（無料、通院者以外は500円／回）、エンジェルヨガ（産後2〜3カ月よりベビーとお母さんのヨガ、ベビーマッサージ。無料。通院者以外は500円／回）

【病院からのコメント】

◆BSSサポートシステムを取り入れています。お産の時に感じる不安を、音、光、映像の効果によって和らげるシステムです。
◆陣痛時にアロマを焚き、リラックスできる空間作り、アロマオイルにてマッサージを行っています。
◆産後すぐの早期授乳を実施しています。

初期〜満15週まで

美里女性クリニック

〒904-2155
沖縄市美原 2-25-3
電話 098-929-3003
FAX 098-929-3001

診療時間	9時～18時
休診日	木午後、日
駐車場	10台
医師数	2（男1、女1、主治医制）
分娩の取扱	なし（健診20週まで）

【外来について】

エコー診断	あり
エコー写真や映像の提供	無料
母乳外来	なし
助産師外来	なし

【施設について】

入院施設	個室1床あるが分娩の取り扱いはない

産科婦人科 名城病院

〒904-2245
うるま市字赤道 174-6
電話 098-974-2121
FAX 098-973-0605

診療時間	9時～18時
休診日	日・祝
駐車場	80台
メール	nashirohp@arrow.ocn.ne.jp
医師数	6（男5、女1）
助産師	6（常勤3、非常勤3）
分娩の取扱	あり

【外来について】

エコー診断	あり（4D）
エコー写真や映像の提供	無料
母乳外来	あり（無料・予約不要、通院者のみ）
助産師外来	なし

【施設について】

LDR出産	不可
入院施設	個室23床、大部屋4床、畳間あり、予約可

【お産について】

分娩の場所	分娩台のみ
好きな姿勢での出産	可
会陰切開	行う
バースプランの提出	可
カンガルーケア	あり
無痛分娩	対応している
立ち会い出産	通常分娩時…希望があれば何人でも、帝王切開時…夫のみ
陣痛時の入浴	可

【入院中の生活】

入院期間	通常分娩…6日、帝王切開…9日、希望する場合は母子同室
面会時間	9時～22時
おむつ	紙
家族の宿泊	可

【入院中の母乳指導について】

母乳指導	あり（母乳育児について）
助産師による指導・ケア	あり（授乳ケア）
入院中の授乳	基本的に母乳
夜間の授乳	希望に応じる
母乳の出が悪い時は	糖水などをあげて様子を見、母乳を継続

【産後サービス】
フットマッサージ、祝い膳（無料）

【講座など】
両親教室、母親教室、マタニティーヨガ、マタニティビクス、ベリーダンス、離乳食講座（いずれも無料・通院者のみ）

沖縄県立中部病院

〒904-2293
うるま市字宮里281
電話 098-973-4111
FAX 098-973-2703

診療時間	8時30分～11時受付
休診日	日
駐車場	521台

■北部

医療法人 たまき産婦人科

〒905-0018
名護市大北5-3-4
電話 0980-54-4188
FAX 0980-54-4884

診療時間	9時～17時
休診日	水午後・日
駐車場	50台
医師数	1（男1）主治医制
助産師	4（常勤4）
分娩の取扱	あり

【外来について】

エコー診断	あり
エコー写真や映像の提供	無料（ビデオ・DVD）
母乳外来	なし
助産師外来	なし

【施設について】

LDR出産	不可
入院施設	個室14床、畳間あり、予約不可

【お産について】

分娩の場所	分娩台のみ
好きな姿勢での出産	不可
会陰切開	行う

バースプランの提出	可
カンガルーケア	なし
無痛分娩	対応していない
立ち会い出産	通常分娩…夫のみ＋子供さんもOK、帝王切開…不可
陣痛時の入浴	可

【入院中の生活】

入院期間	通常分娩…6日、帝王切開…9日、希望する場合は母子同室
面会時間	12時～20時（ベビー室の面会時間は12時～17時・18時～20時）
おむつ	紙
家族の宿泊	全室可

【入院中の母乳指導について】

母乳指導	あり
助産師による指導・ケア	あり
入院中の授乳	基本的に母乳
夜間の授乳	直接母乳、希望に応じる
母乳の出が悪い時は	こだわらずミルクに切り替える

【産後サービス】アロマテラピー（無料）

【講座など】母親教室

初期～満15週まで

沖縄県立北部病院

〒905-0017
名護市大中 2-12-3
電話 0980-52-2719
FAX 0980-54-2298

診療時間	8時30分～17時(予約制)
休診日	土・日・祝
駐車場	336台
メール	xx036030@pref.okinawa.lg.jp
医師数	3（男3）当直医制
助産師	18（常勤17、非常勤1）
分娩の取扱	あり

【外来について】

エコー診断	あり
エコー写真や映像の提供	無料
母乳外来	あり（要予約、通院者のみ）
助産師外来	なし

【施設について】

LDR出産	不可
入院施設	産婦人科利用可能病床34床

【お産について】

分娩の場所	分娩台のみ
好きな姿勢での出産	不可
会陰切開	行う
バースプランの提出	可
カンガルーケア	あり
無痛分娩	対応していない
立ち会い出産	通常分娩時…夫のみ（医療上お断りすることあり）、帝王切開時…不可
陣痛時の入浴	可

【入院中の生活】

入院期間	通常分娩…6～7日、帝王切開…10日、母子別室
面会時間	15時～20時
おむつ	紙
家族の宿泊	不可

【入院中の母乳指導について】

母乳指導	あり
助産師による指導・ケア	あり
入院中の授乳	基本的に母乳
夜間の授乳	直接母乳
母乳の出が悪い時は	母乳・ミルク個別対応

【講座など】両親教室

【病院からのコメント】

主として、本島北部地域の二次医療を担当する。

コラム　北部・離島地域の産科医不足

病院と診療所へのアンケート取材は想像以上に大変でした。お願いの電話をかけようとすると、番号が変わってしまったのかつながらなかったり、忙しそうでなかなか対応していただけなかったり……やっとお話しできたと思ったら、「産科医がいなくなり、もう産科の診療をやっていない」という病院もけっこうありました。みるみるうちにリストアップした病院が減っていき、ニュースでよく耳にする「産科医不足」を実感せざるをえませんでした。特に少ないと感じたのは北部や離島地域。地元で産めないとなると、健診のたびに船に乗ったりして遠くの病院に通い、出産にあたっては長期間病院のそばに宿をとって待機していなくてはなりません。都市では病院や産み方を自分で選択する時代になりましたが、過疎地では安心して産むこともままならない状況が続いてるんですね。

すべての地域、離島に産婦人科を置くことは難しくても、産科医が定期的に巡回し健診だけでも受けられるようにするなど、体制がととのっていくことが望まれます。（編集部O）

離島

■久米島町

公立久米島病院
〒901-3121
久米島町字嘉手苅 572-3
電話 098-985-5555
FAX 098-985-5565

診療時間	8時30分～11時、13時～17時（産婦人科外来は週1回、毎週土曜）
駐車場	50台
医師数	主治医制、産婦人科医は応援にて対応
助産師	2（常勤1、非常勤1）
分娩の取扱	なし

【外来について】

エコー診断	あり
エコー写真や映像の提供	無料
母乳外来	なし
助産師外来	なし

【施設について】

LDR出産	不可
入院施設	あり

【病院からのコメント】
当院の産婦人科は現在、産婦人科医師が不在のため、毎週土曜日に県立病院からの日帰りの応援医師で外来を行っております。その他の日に関しては、当院の助産師の方に電話相談等で相談・対応しております。分娩に関しては当院では現在行っていないため、島外での出産となり、1ヶ月前から本島や里帰り等でのお産になります。久米島町では妊婦へ出産の補助金として一律10万円の補助が出ています。詳しくは町役場にお問い合せ下さい。

■宮古島市

奥平産婦人科
〒906-0013
宮古島市平良字下里 1259-4
電話 0980-72-3026
FAX 0980-72-3411

診療時間	8時30分～12時30分、14時～17時30分
休診日	木午後・土午後・日祝
駐車場	20台

城辺中央クリニック
〒906-0104
宮古島市城辺字比嘉 628-5
電話 0980-77-4693
FAX 0980-77-7739

診療時間	9時～18時
休診日	水・土の午後、日
駐車場	20台
医師数	1（男1）
分娩の取扱	なし

【外来について】

エコー診断	あり
エコー写真や映像の提供	あり
母乳外来	なし
助産師外来	なし

【施設について】

入院施設	個室6床、大部屋13床、畳間あり、予約不可

初期～満15週まで

みやぎMs.クリニック

〒906-0015
宮古島市平良字久貝1068-15
電話 0980-75-0722
FAX 0980-75-0735

診療時間	月・火・水・金9時〜12時、14時〜18時、木9時〜12時、土9時〜15時
休診日	日祝、木午後、土15時以降
駐車場	8台
医師数	1（女1）・主治医制
分娩の取扱	なし（健診10週まてで産科へ紹介）

【外来について】

エコー診断	あり
エコー写真や映像の提供	無料

■石垣市

沖縄県立八重山病院

〒907-0022
石垣市字大川732
電話 0980-83-2525
FAX 0980-82-1742

診療時間	8時30分〜17時
休診日	土・日
駐車場	200台
医師数	4（男2、女2）当直医制
助産師	13（常勤12、非常勤1）
分娩の取扱	あり

【外来について】

エコー診断	あり
エコー写真や映像の提供	無料

母乳外来	なし（産後2週間健診て、乳房チェック、ケア・マッサージ指導…1,410円／回、要予約・通院者のみ）
助産師外来	あり（1,770円／回、要予約、通院者のみ）

【施設について】

LDR出産	不可
入院施設	大部屋33床、予約不可

【お産について】

分娩の場所	分娩台のみ
好きな姿勢での出産	不可
会陰切開	希望があればなるべく行わない
バースプランの提出	可
カンガルーケア	なし
無痛分娩	対応していない
立ち会い出産	通常分娩時…夫のみ（交代で入室）、帝王切開時…不可
陣痛時の入浴	可

【入院中の生活】

入院期間	通常分娩…6日、帝王切開…8日、希望する場合は母子同室（8床のみ）
面会時間	13時〜
おむつ	紙
家族の宿泊	不可

【入院中の母乳指導について】

母乳指導	あり（ビデオ、SMC）
助産師による指導・ケア	あり（新生児の生理、家族計画、産後の生活、SMC（母乳育児について）沐浴指導）
入院中の授乳	基本的に母乳
夜間の授乳	直接母乳（BP等母親の状態にもよる）
母乳の出が悪い時は	糖水などをあげて様子を見、母乳を継続

【産後サービス】祝い膳（無料）

【講座など】両親教室

【病院からのコメント】
八重山で唯一の分娩施設。年間約 650 件の分娩があり、妊婦中の助産師外来と、産後 2 週間、1ヶ月健診は助産師が主体となって行っています。

まつを レディースクリニック

〒907-0002
石垣市字真栄里 233-3
電話 0980-83-4822
050-3803-3717
FAX 0980-83-4870

診療時間	9 時～12 時、15 時～18 時
休診日	木・日・土午後、祝
駐車場	8 台
医師数	1（男 1）
助産師	1（常勤 1）
分娩の取扱	なし（健診 32～34 週まで）

【外来について】

エコー診断	あり
エコー写真や映像の提供	ビデオ 1 回 1,050 円
母乳外来	なし、個別に対応
助産師外来	なし、個別に対応

【病院からのコメント】
母乳外来や講座などは行っていませんが、その妊婦さんの状況に応じて、ひとりひとりに対応しています。産後の相談にも対応しています。

■与那国町

与那国町診療所

〒907-1801
与那国町字与那国 125-1
電話　0980-87-2250
FAX　0980-87-2541

診療時間	9 時～12 時
休診日	平日午後、土日祝（急患は受付）
医師数	1（男 1）
分娩の取扱	なし

【講座など】町役場が両親教室を実施

【病院からのコメント】
県立八重山病院の産科医が来島される場合、妊婦健診等受診可能。現在は、産科医不足により、中止の状態です。

初期～満 15 週まで

お産を扱う助産院

助産院てぃだ
代表助産師 仲西三枝子

〒901-2127
浦添市屋富祖1-3-19-1（2階）
TEL・FAX：098-878-4027
診療時間・休診：いずれも予約で対応

各家庭への出張分娩：可
助産院での入院分娩：可（1床）
家族の宿泊：可
母乳に関する相談・マッサージ：可
母乳に関する診察料：2000円（出張時は交通費を加算）相談のみの場合は無料
産婦人科医：たから産婦人科、浦添総合病院
その他の助産活動：院内で育児サークル、マタニティーヨガあり。市町村の新生児訪問、子育て支援センターでの講話等。

こもり助産院
代表助産師 小森香織

〒901-2224
宜野湾市真志喜3-4-16-403
TEL・FAX：098-898-5969
メール：como@nirai.ne.jp
診療時間：10時～17時30分
休診：金・日・祝祭日

各家庭への出張分娩：可
助産院での入院分娩：不可
家族の宿泊：不可
母乳に関する相談・マッサージ：可
母乳に関する相談・診察料：5250円
産婦人科医：浦添総合病院、南部医療センター、中部病院
その他の助産活動：産前・産後ヨガ、おちんちん学級、大人の月経講座、卒乳講座、離乳食入門などを実施。月経を通じた女性の生き方、ベビーマッサージを通じた育児と母の生き方など、「いのち」を伝える取り組みを行っている。

地域の助産師さん

　お産は扱っていませんが、妊婦さんやママたちのサポートのために活動する助産師さんがいます。その活動は幅広く、妊婦さんだけでなく、子供から大人まで、男性も利用できる場合もあります。

Baby.mam（ベビードットマム）
http://babymam.cc

　助産師の石川恵さんが中心となって運営しています。病院に行くまでもなく、ちょっと相談したいと思うときに気軽に相談できる場所でありたい…子育て経験豊富な助産師が、皆さんの楽しくて安心できる子育てを応援します！とてもお得で楽しい会員システムもあり、楽しいイベントもいっぱいです。
　母乳に関する相談・マッサージ：可
　母乳に関する相談・診察料：3000～4000円
　産婦人科医：小児科・産婦人科・歯科医・管理栄養士・薬剤師とのネットワークがあります。
　その他の助産活動：マタニティクラス、ベビーマッサージクラス、ホームケアクラス、卒乳講座などの各種講座の開催、育児・母乳に関する個別相談

> 〒900-0033　那覇市久米2-31-1 3階
> TEL・FAX：098-862-7977
> info@babymam.cc、OPEN：10時～18時　休診：不定休

しゆり助産院

　助産師の諸喜田睦子さんが開いています。妊婦さんやママだけでなく、子供からお年寄りまでを対象として、栄養講座、ホメオパシー、アロマテラピー、操体法などといった自然療法を取り入れたセルフメディケーションをお伝えしています。

> 〒901-2206　宜野湾市愛知25　グリーンプラザ愛知201
> TEL：098-892-9118　携帯：090-3793-6780　OPEN：月～金9時～18時
> 土9時～14時　料金：ホメオパシーの場合　初回8000円（レメディ代込み）、次回から5000円

Asha（アーシャ）

　助産師の我那覇悦子さんが開いています。冷え、婦人科系のトラブル、更年期などといった女性の体の悩みを、アーユルヴェーダ・トリートメントやヨガセラピーによって改善します。マタニティーに限らず、心と体の健康サポート全般を手がけており、ヘナトリートメント、頭皮ケアやフェイシャルケアなども行っています。

> 〒900-0011　那覇市上之屋407-10　TEL：090-9659-2364
> info@ashaokinawa.com
> OPEN：10時～19時　土曜の午後と日曜・祝祭日は休み
> 駐車場1台

初期～満15週まで

早めに妊娠証明書をもらって役所の窓口へ！

　妊娠したことがわかったら、すみやかに医療機関を受診し、妊娠証明書を発行してもらい、役所の担当窓口（→次頁）で妊娠届を出しましょう。「親子健康手帳」と「妊婦健康診査受診票」が交付されます。このとき、保健師訪問や両親学級など、行政による妊婦さん向けサービスの案内もありますが、取り組み内容は自治体ごとにさまざまです。

那覇市の親子健康手帳はこれです

　妊婦健康診査受診票は、いわゆる妊婦健診の一部が無料で受けられるもので、14枚（＝14回分）綴りになっています。里帰り等にともない、妊婦健診を県外の医療機関で受診した場合も費用の一部助成が受けられる自治体が多いので、里帰りの予定がある方は窓口で確認しておきましょう。

コラム　こんなにすごい親子手帳！

　妊娠したら各市町村で親子手帳が交付されます。親子手帳というよりも、「母子手帳」という呼び方がピンとくるかもしれませんが、最近名称が改められました。「親子手帳」とは、正式には「親子健康手帳」といい、妊産婦や乳幼児の健康を守ることを目的に、妊娠・出産の状況や、乳児の発育状態などを記録するためのものです。母子保健法に基づいて都道府県知事が交付します。

　日本で親子手帳の交付が始まったのは、戦後の復興さなかの1948年。この親子手帳は、日本の乳児死亡率の減少にも大きく貢献したといわれています。そしていまアジアやアフリカをはじめとする世界の国々から関心を集め、少しずつその国ならではの親子手帳が活用され、かつての日本の様に乳児死亡率減少へと貢献しつつあるようです。

　1冊に妊娠中から思春期になるまでのいろんな情報がコンパクトにまとめられています。

　こんなにすごい親子手帳なのに、十分に活用していない人が結構多いのです。病院などで記入するだけではなく、自分でも記録が残せるスペースもたっぷり。人によってはカラーペンで可愛らしいイラストを描いたり、小さなシールを貼ったりして自由に思い出の記録を作っています。娘さんの結婚の時にプレゼントするという方もいて、娘さんの妊娠、出産、子育てのいい参考になりますし、自分もこんなに大事にされて育ててもらえたとわかる素晴らしい記録です。

　親子手帳を大事にし過ぎてまっさら、なんてことありませんか？　まずは自分とご主人の名前をしっかりと入れてみましょう。（実は名前も書いていないこともあるんです）そしてゆっくりと中身に目を通しましょう。これから始まるマタニティライフ、赤ちゃんとの暮らし、この親子手帳がばっちりサポートしてくれることでしょう。（助産師いしかわ）

妊娠・子育て関連 市町村窓口

市町村名	住所	代表	児童福祉関係窓口		母子保健関係窓口	
那覇市	那覇市泉崎 1-1-1	098-867-0111	子育て応援課	098-861-6951	健康推進課	098-862-9016
豊見城市	豊見城市字翁長 854-1	098-850-0024	児童家庭課	098-850-0143	健康推進課	098-850-0162
南風原町	南風原町字兼城 686	098-889-4415	こども課	098-889-7028	保健課	098-889-7381
与那原町	与那原町字上与那原 16	098-945-2201	福祉課	098-945-1525	健康保健課	098-945-2204
南城市	南城市大里字仲間 807	098-948-7111	児童家庭課	098-946-8995	保健センター	098-946-8987
八重瀬町	八重瀬町字具志頭 659	098-998-2200	児童家庭課	098-998-7163	児童家庭課	098-998-7163
糸満市	糸満市潮崎町 1-1	098-840-8111	児童家庭課	098-840-8131	健康推進課	098-840-8126
浦添市	浦添市仲間 1-8-1	098-876-1234	児童家庭課	098-867-1234	保健相談センター	098-875-2100
宜野湾市	宜野湾市真栄原 1-13-25	098-893-4411	児童家庭課	098-893-4411	保健相談センター	098-898-5583
西原町	西原町字嘉手苅 112	098-945-5011	福祉課 子育て支援係	098-945-5311	福祉課子育て支援係	098-945-5311
中城村	中城村字当間 176	098-895-2131	福祉課	098-895-2131	健康保健課	098-895-2131
北中城村	北中城村字喜舎場 426-2	098-935-2233	福祉課 児童福祉係	098-935-2233 (内線 252)	健康保健課	098-935-2233 (264)
北谷町	北谷町桑江 226	098-936-1234	子ども家庭課	098-936-1234	子ども家庭課	098-936-1234
嘉手納町	嘉手納町字嘉手納 588	098-956-1111	福祉課児童福祉係	098-956-1111	いきいき健康課	098-956-1111
読谷村	読谷村字座喜味 2901	098-982-9200	こども未来課	098-982-9240	こども未来課	098-982-9240
沖縄市	沖縄市仲宗根 26-1	098-939-1212	こども家庭課	098-934-0672	市民健康課	098-938-2691
うるま市	うるま市安慶名 488	098-974-3111	児童家庭課	098-973-4983	健康支援課	098-973-3209
恩納村	恩納村字恩納 2451	098-966-1200	福祉健康課	098-966-1207	福祉健康課	098-966-1207
金武町	金武町字金武 1842	098-968-2111	保健福祉課 児童福祉係	098-968-3559	総合保健福祉センター	098-968-5932
宜野座村	宜野座村字宜野座 296	098-968-5111	健康福祉課	098-968-3253	健康福祉課	098-968-3253
名護市	名護市港 1-1-1	0980-53-1212	児童家庭課 母子生活支援係	0980-53-1212	健康増進課 母子保健係	0980-53-1212
本部町	本部町字東 5	0980-47-2101	福祉課	0980-47-2165	保健予防課	0980-47-2103
今帰仁村	今帰仁村玉城 163-2	0980-56-2101	住民課	0980-56-2102	保健センター	0980-56-1234
東村	東村字平良 804	0980-43-2201	住民福祉課	0980-43-2202	環境保健衛生課	0980-43-2205
大宜味村	大宜味村字大兼久 157	0980-44-3001	住民福祉課	0980-44-3003	住民福祉課	0980-44-3003
国頭村	国頭村字辺土名 121	0980-41-2101	福祉課	0980-41-2765	福祉課	0980-41-2765
久米島町	久米島町字比嘉 2870	098-985-7121	福祉課	098-985-7124	福祉課	098-985-7124

初期〜満15週まで

市町村名	住所	代表	児童福祉関係窓口		母子保健関係窓口	
伊平屋村	伊平屋村字我喜屋 251	0980-46-2001	住民課	0980-46-2142	住民課	0980-46-2142
伊是名村	伊是名村字仲田 1385-11	0980-45-2001	住民福祉課	0980-45-2819	保健センター	0980-45-2137
伊江村	伊江村字東江前 459	0980-49-2001	福祉保健課	0980-49-3160	福祉保健課	0980-49-2234
粟国村	粟国村字東 367	098-988-2016	民生課	098-988-2017	民生課	098-988-2017
渡嘉敷村	渡嘉敷村字渡嘉敷 183	098-987-2321	民生課	098-987-2322	民生課	098-987-2322
座間味村	座間味村字座間味 109	098-987-2311	住民課	098-896-4045	住民課	098-896-4045
渡名喜村	渡名喜村字渡名喜 1917-3	098-989-2002	民生課	098-989-2317	民生課	098-989-2317
宮古島市	宮古島市平良字西里 186	0980-72-3751	児童家庭課 平良保健センター	0980-73-1966 0980-73-4572	健康増進課	0980-73-1978
多良間村	多良間村字仲筋 99-2	0980-79-2011	住民福祉課	0980-79-2623	住民福祉課	0980-79-2623
石垣市	石垣市登野城 1357-1	0980-82-9911	児童家庭課	0980-82-1704	健康福祉センター	0980-88-0088
竹富町	石垣市美崎町 11-1	0980-82-6191	福祉課（内 162）	0980-82-6191	健康づくり課	0980-82-6191
与那国町	与那国町字与那国 129	0980-87-2241	長寿福祉課	0980-87-2241	長寿福祉課	0980-87-2241
南大東村	南大東村字南 144-1	09802-2-2001	福祉民生課	09802-2-2036	保健センター	09802-2-2116
北大東村	北大東村字中野 212	09802-3-4001	住民課	09802-3-4055	保健福祉センター	09802-3-4567

妊娠・出産・子育て パパさんの心構え！ その1

　我が家に初めての子供が生まれるという時。産後すぐの生活を想定して、さまざまな準備をしておきました。母子だけで家にいる間、食事を作る余裕がないかもしれない……と、炊き込みご飯や煮物、おつゆなどを小分けにして冷凍。日用品は多めに買い置きし、すぐ飲めるようなペットボトルの水も準備。「ちょっとやりすぎかな？」と思っていましたが、いざ子供が生まれたら、妻はお産と慣れない育児で疲労困憊、僕も 24 時間営業の子育てで気持ちに余裕がなくなってしまい、「食べるものを準備しておいて良かった……」と胸をなでおろしたのを覚えています。家事や料理のできない旦那さんは、簡単でいいからいくつかレシピを覚えておいたり、必要最低限の家事をマスターしておくといいかもしれません。

（やんばるダディさん、4 歳の女の子、10 ヶ月の女の子のパパ）

妊娠中の栄養

初期～満15週まで

栄養バランスのとれた食事を！

　妊娠中の食事は、「栄養のバランスの取れた食事」。これに尽きます。今の日本は飽食で手軽に食べることができますが、食事を抜いてお菓子を食べたり、好きなメニューばかりの食生活だったり……。栄養とカロリーは違いますので、お腹いっぱい食べてはいても、栄養不足になっていることもありますよ。

　また、コンビニ弁当や外食、レトルト食品やファストフードなどには多くの食品添加物が使用されています。マタニティクラスや本などでいわれる、妊娠中に特別摂るべき「付加栄養素」（鉄やビタミン類）は、基本的に1日に3食、栄養バランスの取れた食事をしている、という前提で提示されたものです。もともとそんな食事をしていない方が、鉄分や葉酸だけを摂るというのはよくありません。

1汁2～3菜

　ヒトの体は食べ物で維持されています。そしてさらに妊娠中の食べ物はおなかの中の赤ちゃんの体も作りますので、ダイレクトに影響してきます。赤ちゃんの将来の生活習慣病にもかかわってきます。

　難しいことではありません。1日に3食、できるだけ和食中心の食生活をしてみましょう。主食・主菜・副菜・汁ものを組み合わせた「1汁2～3菜」の献立にすることで、自然にバランスのとれたヘルシーな食事になりますよ。

　新鮮な野菜、果物、お肉やお魚、海藻類、穀物、きのこ類など数多くの食材を使うようにしましょう。精製された食品は、もともとの栄養分がだいぶなくなっていますので、出来るだけ白米よりは玄米や発芽玄米、パンも胚芽パンなどを選びましょう。お砂糖も控えめにして、使う時にはきび糖や黒糖、はちみつやオリ

ゴ糖などを使いましょう。塩分も普段から多めの人は妊娠を機に減らすといいですね。初めは薄味に慣れない人も、すぐに慣れてきます。

　妊娠中赤ちゃんのためにカルシウムをたくさん摂ろうとして、牛乳をたくさん飲む方もよくいますが、必要としない量はかえって吸収されなかったり、体がアレルギー反応を起こすこともあるようです。また体重増加を気にして、自己流のダイエットはしないでくださいね。現代では、普段からダイエットを繰り返したりと栄養不足の女性が多いのです。十分に気をつけましょう。

つわりのときは

　おなかに赤ちゃんを宿した時から多くの女性は自分の体が自分ひとりのものではないという意識が芽生えます。これから生まれ育つ自分とは別の命をしっかりと守ろうとする。実はつわりもその防御能力のひとつだとも言われています。つわりはフィルターの役目をする胎盤が完成する前に起こります。それまで出来るだけ余計なものを体に入れないようにしているという説もあるのです。

　でもいくら頭では理解できても辛いのは辛い！少しでも軽くしたいものです。基本は脱水しないように心掛ける事、空腹や満腹を避ける事です。また胃腸を冷やすと刺激になるため出来るだけ温かい物が理想ですが、つわりの時には受け付けない事が多いですので、常温程度にしておきましょう。それと疲労もつわりの程度を左右することがあります。特に夕方から夜にかけて調子が悪い人は、一度ゆっくり休むことで少しは楽になるかもしれません。

　つわりの時に注意して欲しいことは、偏った食事や添加物の多く入った食事を出来るだけ避けることです。おなかの中の赤ちゃんはすでにママの食べるもので しっかりと影響を受けているからです。妊娠中からの単品の過剰な取り過ぎが産まれてくる赤ちゃんのアレルギーにもつながるという考えもあります。

　つわりには個人差がかなりありますが、水分も摂れないほどひどい場合は出来るだけ早めに病院で診てもらいましょう。入院治療が必要な場合もあります。

(助産師いしかわ)

おすすめうちな〜料理レシピ
貧血改善！チムしんじ

1、人参や大根などの根菜、しいたけなどを切ってだしで煮る

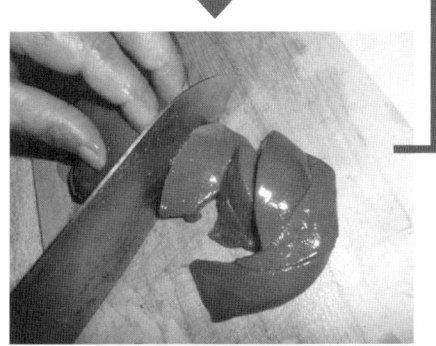

2、下処理した豚レバー（チム）を5センチ四方くらいに切って加える

3、醤油や味噌などで味付け。ショウガを入れてもおいしいです。

できあがり！

初期〜満15週まで

妊娠・出産・子育て パパさんの心構え！その2

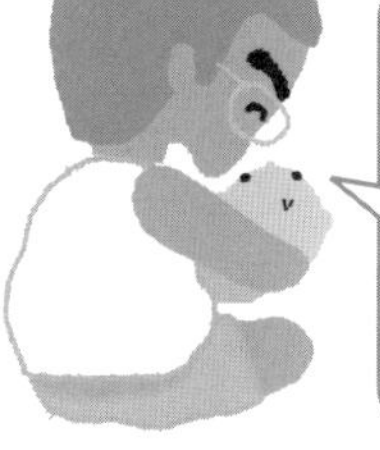

　妊娠中は、妻が切迫流産のため、家事の全権が自分に移行しました。食べたい物を聞いて、食事を準備しても、出来上がる頃には食べられないことも多く、少し寂しい思いをすることもありました。いざ出産の時は、深夜、突然の陣痛発来で興奮気味に起床。「翌朝にも出産か！」と思い、気を張り続けること、なんと40時間。出産が思いのほか長時間になってしまったのです。出産は、お父さんの体力も奪います。

（Sさん、9ヶ月の男の子のパパ）

妊娠中期
（満16週〜27週、5カ月〜7カ月）

　妊娠16〜19週（5カ月）頃は胎盤が完成する頃で、つわりがおさまったり体調が良くなってくる、いわゆる「安定期」と呼ばれる時期です。食欲が出てきてつい食べ過ぎたりしますが、妊娠中の母親の栄養摂取状況は、赤ちゃんの将来の生活習慣病にも影響しますので、バランスの取れた栄養摂取を心がけましょう。旅行やレジャーに行くならばこの時期がおすすめです。マタニティエクササイズも始めどきですよ。

　妊娠20週（6ヶ月）頃にはそろそろおなかがぽっこり出てきて、だいぶ妊婦さんらしい体になってきますよ。おなかの張りを覚える人も多いでしょう。休めば張りがおさまるようでしたら大丈夫ですが、それでも張ってきたり、出血を伴ったりしたら病院で診てもらいましょう。胎児の重みで腰痛が出たり、足がむくむようになる人もいますので、適度な運動やマッサージをお勧めします。また、急激な皮膚の伸びで妊娠線ができることがありますのでご注意を。妊娠線は、専用のオイルやクリームを使ったマッサージで予防が期待できます。赤ちゃんのからだは、羊水の中で胎児の皮膚を守る「胎脂（たいし）」でおおわれています。脳も発達し、耳も聞こえるようになっていますので、ママの声を聞いたりしているかもしれませんよ。**(助産師いしかわ)**

　体調や体の変化、赤ちゃんの育ち方には個人差がありますので、100%この通りではない場合もあります。心配なことがあれば、かかりつけの医療機関に問い合わせてくださいね。

座談会
マタニティ・ベビー用品について

初めてのマタニティ・ベビー用品選び。楽しくもありますが、お店にはたくさんの品物があって、どれを買っていいか迷うこともありますよね。
先輩ママたちの体験談を語ってもらいました。

※本項は、先輩ママ・パパたちの口コミ情報から座談会を構成していますが、これはあくまでもそれぞれの皆さんの感想です。特定の商品をおすすめしたり、逆に否定したりするものではありませんのでご了承ください。商品名の表記は店舗やメーカーによって異なる場合があります。

マタニティ・授乳服について

Uさん：最近のマタニティ服（※1）は可愛いよね。しかも、普通の服も妊娠中、そのまま着られるものが多いから、妊婦でもおしゃれのしがいがあるよね。

Kさん：私が妊娠中はちょうどチュニックが流行していたので、それを着ていたな。ボトムスはさすがにおなかが入らなかったので、それまで履いていたジーンズのおなか部分にゴム布を足して、マタニティ用にリメイクしたよ。

Yさん：マタニティ服もベビー服も、まずはお下がりをもらってね。

Mさん：マタニティの下着（※2）って、可愛いのが意外と少ないよね。本土に帰った時にデパートで探して購入したよ〜。

Aさん：妊婦帯とかマタニティガードル（※3）もあるよね。私は、妊娠前は毎日ガードルを履いてたし慣れてたから、妊娠中もしっかり履いてたよ。おなかをしっかり支えてくれた感じ。

Oさん：私は妊婦帯もガードルも使わなかったな。妊娠中はやたらと暑くて。おなかはそれなりに重かった

座談会に参加したママさん達

Uさん：1歳の女の子のママ
Kさん：10ヶ月の女の子のママ。母乳育児中。
Mさん：8ヶ月の男の子のママ。県外出身。
Yさん：4歳の女の子、2歳の男の子のママ。第3子妊娠中。
Oさん：1歳2ヶ月の男の子のママ。
Eさん：1歳の女の子のママ
Sさん：10ヶ月の男の子のママ。県外出身。

（※1）マタニティ服→おなかを締め付けないような服がおすすめです。普通のボトムのボタン部分にセットして、マタニティ用として使うベルトなどもあります。

（※2）マタニティブラ→やわらかい素材でできたものや、ノンワイヤーのものが多く、圧迫しないので楽に過ごせます。

マタニティショーツ→大きくなったおなかをすっぽりと包むように、前が長めになっています。おなかを圧迫せず、冷えを防ぎます。

けど、妊娠線も幸いできなかった。クリームしっかり塗ってたのもよかったかも。授乳服（※4）はどうしてた？

Kさん：授乳服も、ひとめでは分からないおしゃれなの増えてきたね。外出時も授乳服着ていればササッとあげられて楽。そのうち「さりげなく飲ませる」のが上手になってくる（笑）。

Eさん：私は授乳服は買わずに、普通の服に授乳ケープ（※5）使用して授乳してた。ストールみたいなのとか、種類もたくさんあるし、意外と授乳中だと気づかれなかったよ。

ベビー服・グッズについて

Kさん：うちの娘は9月生まれだけど、沖縄はまだまだ暑くて、最初の1ヵ月は短肌着（※6）とおむつだけで過ごしてたよ。お下がりもなかったから、枚数は50サイズの短肌着5枚、同サイズの長肌着（※7）3枚くらい準備してた。

Mさん：うちもまだ暑い季節に生まれたんだけど、よく着替えるから短肌着、長肌着各5枚くらいずつ出産前に用意したな。でも、実家の母が来てくれる予定だったから、少し控えめな数だったけど。赤ちゃんの成長は生まれてみないと分からないしね〜。

Yさん：うちはお下がりが多かったので、肌着しか買わなかったな。肌着も、短肌着・長肌着が3枚ずつくらい入っているのを1セットだけ。それで十分だったよ。

Oさん：うちは短肌着5枚、長肌着3枚くらいそろえたんだけど、短肌着はお腹が出るのが気になってほと

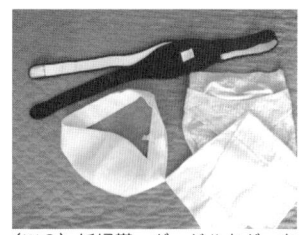

（※3）妊婦帯・ガードルなど→おなかと腰を支えたり、冷えを防ぐ目的があります。さらしになっているものは戌の日参りの「岩田帯」（→p74）でも知られています。他にも、マジックテープで着脱できるものなど、いろいろあります。

（※4）授乳服→バストの部分が開きやすくなっています。胸を出しやすいよう工夫された「授乳ブラ」もあります。

（※5）授乳ケープ→上半身を覆うように巻いて授乳できます。

（※6）短肌着…前が着物のように合わせになっており、丈の短いもの。これ一枚で夏用の肌着にしたり、長肌着と重ね着することも。広げた肌着の上に赤ちゃんを寝かせて着せられます。

（※7）長肌着…前が着物のように合わせになっており、丈の長いもの。

赤ちゃん服のサイズは、新生児用はだいたい50〜60、月齢が進むにつれて数字は大きくなります。50とはおおよそ身長50センチに対応しています、ということ。ですが、赤ちゃんの体格や体型、成長の具合によって、どのサイズをいつまで着られるかは変わってきます。
　座談会で話題になっているのは、主に新生児のうちに便利な衣類です。

んど着なかったな。でも1カ月・2カ月健診の時とかの外出時に着られるようなアウターを買うの忘れて、肌着で出かけてしまったけどね。

Uさん：うちはボディ肌着（※8）を愛用。まめに着替えさせていたから5～6枚用意してた。それぞれの家庭の洗濯のペースにもよるとは思うけど。

Mさん：コンビ肌着（※9）は赤ちゃんが暴れても脱げないし、おへそが出なかったから良かったよ。

Uさん：新生児用の小さいサイズは50cm～60cmで、お店でもそのサイズをすすめられることが多いんだけど、そのサイズを着られる時期って短いんだよね。人にプレゼントするんだったら、80cmサイズくらいが長く着られるかもね。

Kさん：そうそう。いただき物だと季節が合わなくて、着られる時期になるとサイズアウトしていたりとか。

Eさん：うちの娘、生後2ヶ月ですごく成長したから、のびが悪い服はすぐ着られなくなったんだけど、女の子だから服選びも楽しいよ～。「はにんす宜野湾」の中にベビー用品を扱うユニクロがあったから、リーズナブルなものはそこで買って、ブランドものが欲しくなったら、「アウトレットモールあしびなー」内のショップで安く購入してる。

Kさん：洗濯なんかはどうしてた？　うちはとにかく吐く子だったから、当初の枚数では洗濯が間に合わなくなったよ。それぞれの家のお洗濯事情もあるとは思うけど……。

Oさん：梅雨時だったけど、着替えは1日1回だったから、洗濯して除湿器を回して室内干しでも十分間に

（※8）ボディ肌着（ボディスーツ）…股でスナップボタン留めにする肌着。頭からかぶって着るタイプや、股下が半ズボンのような形状になっているもの、股部分が後ろからお腹のあたりまで包まれているもの（ラップアップ）などもあります。総じて、おむつ替えが楽。

（※9）コンビ肌着…長肌着の裾にスナップボタンがついており、留めるとズボンのようになって、足を動かしてもはだけにくいのが特徴です。

他にもこんな赤ちゃん衣料があります

合わせ肌着…股はボディ肌着のようにスナップボタン留め、前は短肌着のように着物合わせになっています。広げた服の上に寝かせて着せられるので、首が据わる前に便利です。

ベビードレス…肌着の上に着せる上下つなぎの服。下はスカートのように開いています。おもに新生児期向け。

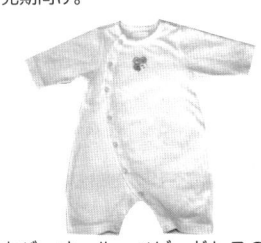

カバーオール…ベビードレスの股部分にスナップボタンがあり、留めるとズボン状に。ボタンを留めるか留めないかで、ベビードレス・カバーオールどっちにもなるものを「ツーウェイオール」と呼びます。

合ったよ。

Sさん：うちは布おむつ（※次頁コラム）を使っていたので、汚れたおむつはバケツにつけおきしてから洗濯機で洗ってた。最初は面倒だったけど、慣れてきたら楽しかった〜。

Uさん：春から入園した保育園は布おむつ限定だったんでそこで布に切り替えた。入園の時に哺乳瓶（※p107コラム）も練習したし保育園に入れる予定があったら、親子ともども慣れておいた方がいいかもね。

Kさん：紙おむつ、うちは1ヶ月くらいで新生児サイズが使えなくなったよ。少なめに用意して買い足した方がいいかも。私はなかなか買い物に行けない時期だったし、姉が出産祝いにくれたSサイズのおむつが役に立った。

Eさん：お風呂とかはどうしてた？

Uさん：洗面台で直接入れるのがちょうどよかったから、ベビーバスタブ（※10）を買ったのに使わなかったな。シャンプー（※11）だけはベビー用を使った。

Yさん：バスタブは、子供がある程度大きくなってから親と一緒にお風呂に入る時に、お湯をためて座らせておけるよ。椅子代わりって感じ。使わなかった人も、捨てずにとっておいてもいいかも。

Eさん：うちは湯船がないから、ベビーバスタブ必須だったな。お座りができるようになってからはシャワーで入れるようになったけど、その辺りの住宅事情もあるよね。そういえば、ベビーベッド（※12）も場所を取るからレンタルにしたよ。

Sさん：うちは気に入ったベッドを買ったけど、掛け

（※10）バスタブ→赤ちゃんを沐浴させる時に使います。台所シンクで使えるものなど、種類はさまざま。

（※11）ベビーシャンプー、せっけん、沐浴剤…赤ちゃんの肌を守るため、大人のものより低刺激になっていることが多いです。

（※12）ベビーベッド・ふとんなど…赤ちゃんがゆっくり休めるスペースを、それぞれの住宅事情などを考慮して選んでください。ベビーベッドはレンタル可能でも、ベッドに敷くマットはレンタル不可の場合もあるので、事前に調べておいてください。

（※13）ベビーカー→リクライニングできて、生後すぐから使えるA型と、腰が据わった赤ちゃんを座らせる形で使用するB型があります。

（※14）チャイルドシート→かわいい赤ちゃんの安全のためにも、必ず装着しましょう。意外と忘れがちなのが、お産をした病院から退院する時。お迎えの車にも忘れずに装着しておきましょう。

中期 満16〜27週まで

布団は用意しないでバスタオルなどで代用してたよ。温め過ぎは「乳幼児突然死症候群」の原因になるとも言われているし。そういえば、私は免許がないんでベビーカー（※13）が大活躍だったな。

Yさん：私は移動はほとんど車だったんでチャイルドシート（※14）は必須だったけど、ショッピングセンターやスーパーにはカートが完備されているから、ベビーカーは使わなかったっけ。

Eさん：うちは外出時には、抱っこひもやスリング（※15）も活用してたな。最近はオシャレな柄のも多いし、赤ちゃんの事を考えながら、グッズを揃えるの、楽しかったな～。

全員：だねー。

（※15）抱っこひも・スリングなど→赤ちゃんを抱っこする補助として使います。スリングは使いこなしが必要なので、難しい場合は購入店などでレクチャーを受けてください。抱っこひもは新生児から幼児まで使えるタイプもあります。

コラム HOW TO おむつ

おむつには、紙おむつと布おむつがあります。

紙おむつは各メーカーとも、寝かせておむつ替えのしやすい「テープタイプ」と、動きが活発になってきたり、立ったままでも替えられる「パンツタイプ」があります。

生後すぐはテープタイプを使用するのが一般的で、新生児用・S・M・L・ビッグなどのサイズが。紙おむつを使用する場合は、おむつカバーは不要です。

一方、布おむつの場合は、おむつとおむつカバーが必要です。おむつは、一枚の布をたたんで使うタイプや、布がたすき状になっている「輪おむつ」（全部の面を使える）、パット状になっていてたたむ必要のない「成形おむつ」などがあります。種類や枚数は、予算や洗濯の頻度などで決めてくださいね。新生児期は一日に10回以上もおむつ替えをすることもあるので、ご参考に。

おむつカバーは防水加工されているものが多いです。洗い替えが必要ですが、最近では可愛い柄のカバーも多いので、おむつを履いている赤ちゃんの後ろ姿がたまらなく可愛い！というママも。

おむつの洗い方は、下洗いをしてつけおきにしたり、手で洗ったり、洗濯機を利用したりとさまざまですが、基本的には体力と気力と相談。つけおき派は蓋つきバケツなどがあると便利だそうですよ。

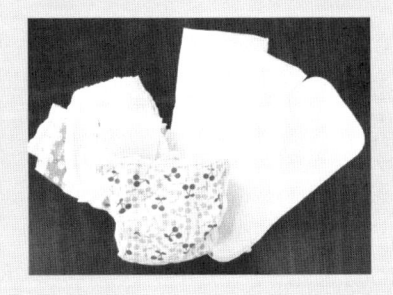

出産・育児用品が買える店

　安定期に入ると、比較的体調も良くなり、妊娠後期に比べると、おなかの大きさもまだまだそれほどではありません。出産や育児のための準備品を買う場合は、この時期がおすすめです。体調のよい日を選んで、グッズ選びを楽しんでください。

※取り扱うグッズや品数、品揃えはそれぞれのお店や時期によって違います。本項は、「ここに行けば特定の商品が買える」という保証をするものではありません。商品の扱いがあるかどうかについては各店にお問い合わせください。

個人ショップ

　品揃えは大型店舗より少なめですが、テイストに統一感があったり、特定のブランドが充実していたりと、それぞれのお店に個性があります。最近ではハンドメイドブームもあって、手作りの商品を販売しているお店も多く、既製品にはない温かさ、かわいらしさを求めて来るママも多いとか。

ショッピングセンター、デパート、衣料品店など

　マタニティ服やグッズ、赤ちゃん服、おもちゃなどといった商品が総合的に揃っています。ベビーカートや授乳室、おむつ替えコーナー、休憩室などが完備されているところも多いので、子連れでも行きやすいのが特徴です。

リサイクルショップ、フリーマーケット

　マタニティ用品やベビー用品は必要だけど、なるべくリーズナブルにそろえたいという人は、リサイクルショップやフリーマーケットを利用するのも手ですよ。
　子どもの成長は早いので、使わなくなったグッズや服などをリサイクルに出してもいいですね。

レンタルショップ

　ベビーカーやベビーベッドなどの大物や調乳用品など、さまざまなベビー用品が長期間レンタル可能です。カタログの充実したショップもありますので、購入するかレンタルで済ませるか、住宅事情や懐具合と相談してみてくださいね。

中期 満16〜27週まで

出産・育児用品が買える店
個人ショップ

沖縄子育て良品
http://onenet.ocnk.net/
http://onenet.ti-da.net/

　肌が弱いというご自身の経験から、オーナーの山本さんが身体に優しいものやエコ商品などを集めたセレクトショップ。オリジナル商品のUVフラップつきのサンハット、ベビースリング、アロマの虫除け、日焼け止めなどはロングセラーの人気商品です。授乳服や水着、アロマ雑貨、木製の弁当箱、自然素材の玩具など独自の目線で揃えています。不定期でアロマ講座も開催しています。

〒902-0061　那覇市古島454-17
TEL：098-885-3667
営業時間：10時〜17時30分
定休日：第3・第4・第5日・祝
駐車場：あり

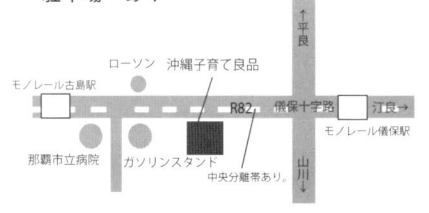

Skip（スキップ）那覇店
http://www.skip-okinawa.jp/

　カジュアルでユニーク、ちょっぴりレトロな服が満載！　0歳からキッズ、ママ＆パパまで、着るのが楽しくなる服やグッズばかり。D&D(デニム＆ダンガリー)、ムチャチャなどの子供服ブランドや、那覇店のみ、WECKやstudio mといったナチュラル系雑貨も扱っています。

〒900-0005　那覇市天久1-8-1
TEL：098-866-6273
営業時間：10時〜20時
定休日：年中無休（年末年始は変動）
駐車場：あり

Peach Field（ピーチフィールド）

　オーナーがアメリカやイギリスから買い付けた新しいモデルの商品が2週間に1度くらいのペースで入荷されており、商品の回転が早いのでこまめにチェックして。洋服はベビーから12歳くらいまで。ママ用のブランドTシャツも置いています。ベビー向けは肌着や帽子、靴下、ロンパース、おくるみ、Sassyやディズニーのおもちゃなど、種類も豊富に取り揃えています。

〒900-0013　那覇市牧志2-11-27 1F
TEL：098-863-1951
営業時間：日・月・祝11時〜18時、火〜土11時〜19時　駐車場：あり

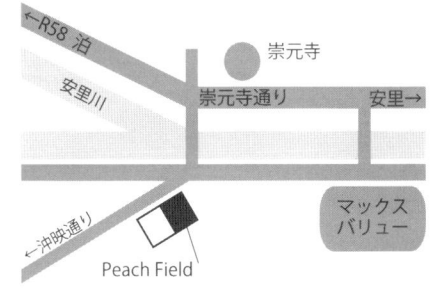

パステル KID'S（オキコレクション）

「カーターズ」や「チルドレンズプレイス」など、海外もののベビー・キッズ衣料を販売しています。カラフルな服に彩られた店内は、見ているだけでも楽しい気分に。服以外にも、ヘアアクセサリー、スタイなどの小物や、ボーイズ、リサイクルも扱っています。

〒903-0806　那覇市首里汀良町2-19
（汀良バス停前）　TEL：098-886-8305
営業時間：11時～19時30分
定休日：日・祝

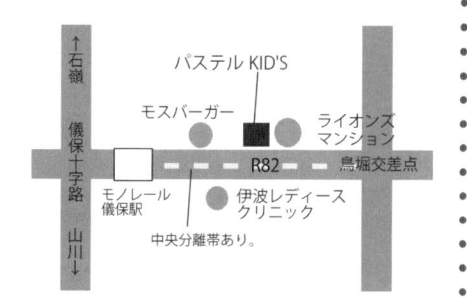

MAZA ★ MAZA
南国こどもよろずマート
http://nangokuyorozuya.mazamaza.hippy.jp/

ハンドメイド、一点物が中心の子供服＆雑貨のお店です。ロンパース、70サイズのおしゃれなワンピースや、スタイ、帽子、ファーストシューズ、スリングなど、ここでしか出会えない商品が所狭しと並んでいます。また、アロマテラピールーム「Prism」を併設しており、妊婦さんやベビー向けのマッサージが受けられます（完全予約制）。

〒900-0013　那覇市牧志2-23-2　前田ビル2F　TEL：080-3778-0600
営業時間：月～金13時～18時
定休日：不定休

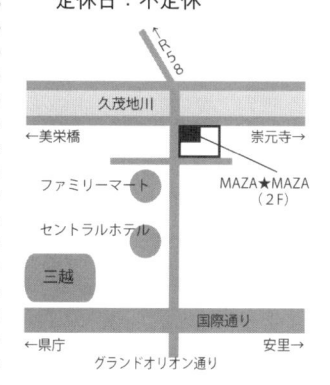

中期満16～27週まで

ママと赤ちゃんの店大信
http://babyshower.ti-da.net/

1969年創業。開南バス停前にある、産前・産後の下着と出産準備品の専門店です。下着はマタニティ用、産後ママのための体型補正を兼ねたインナー、授乳用下着など、充実した品揃えが自慢。プロポーションクリエーターが相談に乗ってくれます。また、看護師、栄養士の資格をもった店員さんもいるから安心！大信オリジナルの出産準備品リストを配布しており、ここですべて揃えることができます。ベビーシャワーパーティーの提案や、ベビーマッサージ講習会なども随時実施しています。

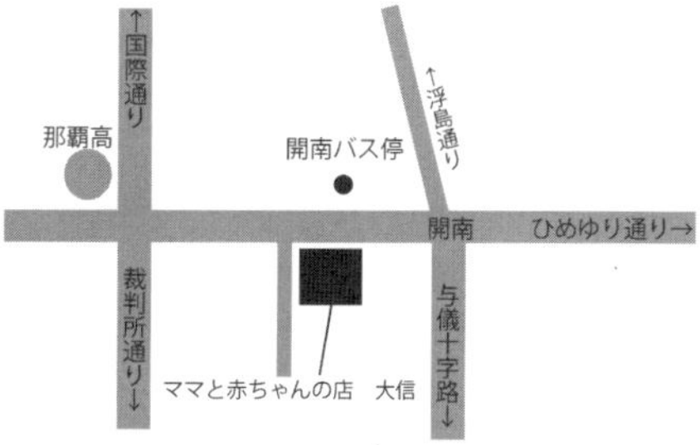

〒900-0022　那覇市樋川1-5-1　TEL：098-831-6338
営業時間：10時30分～20時
定休日：盆・正月

57

森のおもちゃ箱＊てぃ〜だ

　オーナーの根間さんは子育て中のママ。ご自身が「使ってよかった！」と感じたスリング、授乳カバー、妊娠線予防クリームなどといったマタニティグッズを揃えています。ベビー服では、県内で唯一「クーラクール」を扱っていて、他にもキムラタンなどの服があります。また、安全で安心、丈夫な「木のおもちゃ」を、新生児向けのモビールから小学生向けまで多数販売しており、ついつい長居しちゃう子供さんもいるのだとか。

　〒901-0156　那覇市田原308　メゾングリーンヒル1階　TEL：098-857-8343　営業時間：月〜土13時〜17時
　定休日：日・祝

zakkacafe　チチ
http://zakkacafechichi.ti-da.net/

　ベビー肌着から120サイズのTシャツ、スタイ、帽子、大人服、雑貨などをそろえています。月や雲、鳥、葉っぱなど、自然のものをモチーフにした茜染めやステンシルなどで、オリジナルアレンジをほどこしています。お店はカフェも兼ねていて、特にお座敷席は子連れに人気だそうですよ。

　〒901-0612　南城市玉城字當山124
　TEL：090-5129-4913
　090-8533-8546
　営業時間：11時〜17時30分
　定休日：日・月・祝

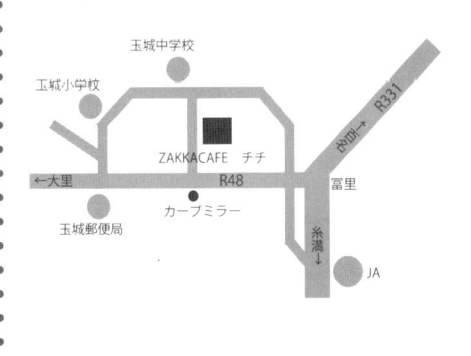

baby・aroma shop dal
（ベビー・アロマショップ　ダル）
http://kota.ti-da.net/

　シンプルで落ち着いたデザインのベビー・子供服、ハンドメイド資材などで評判の高いお店です。オーナーさんのオススメは80〜100サイズの無地Tシャツ。パープルやグレー、チャコールなどのシックなカラーが人気で、2ヶ月で800枚を売り上げたこともあるとか。アトピーやアレルギーの子にもOKなアロマクラフトなどは、来店したお客さん自身がすぐ作れてリーズナブル、こちらも好評です。

　〒901-2126　浦添市宮城2-17-2　パークビュー洸202　TEL：098-874-4600
　営業時間：月〜土13時〜18時　定休日：日・祝
　※お店の情報はブログで発信、随時注文なども受け付けています。

PommeAllée 沖縄浦添店
http://www.nowgood-l.com

　浦添で18年目という歴史あるお店。ヨーロッパと国産の木のおもちゃがメインで、その種類と数はかなりのもの。「木のおもちゃは安心、安全だし、ブームがないから長く使えますよ」とオーナーの今井さんご夫婦。ベビーむけには、木のおしゃぶりが人気です。おもちゃの他にはベビー～160cmサイズの子供服やママ用の服も豊富。子連れに嬉しい遊びコーナーやベビーベッドも置いてあります。

〒901-2122　浦添市勢理客3-4-1
エステート立山1F
TEL：098-879-0002
営業時間：9時30分～19時45分
定休日：月・第4土・第4日
駐車場：あり

リンリン・ベル
http://ringringbellblog.ti-da.net/

　50'sの雑貨や古着がいっぱい！ 店イチオシのオーバーオールは、ベビーから大人のヴィンテージ物まで県内随一の品揃え。姫系ドレスやカワイイ新品服、おもちゃ、ちょっとおとぼけな雑貨もあって、キッズスペースで遊んで帰りたがらない子供もいるのだとか。店内から行き来できるお隣りのヴィンテージ古着店「mementomori works」は、子連れでやってきたパパたちにも好評です。

〒901-2121　浦添市内間1-14-2-103
TEL：098-879-3103
営業時間：11時～20時　定休日：火

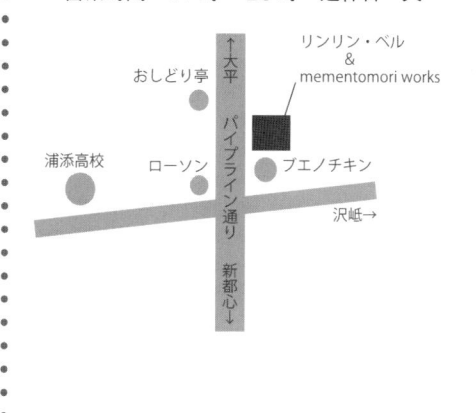

中期 満16～27週まで

Skip（スキップ）美浜店

　那覇店ともに人気のポップなベビー・キッズ服の店。特に美浜店ではショップのオリジナルブランド服が充実していて、観光客も多数訪れて買っていき、「観光スポット」のようにもなっているのだとか。赤ちゃんはロンパース、ママとパパはTシャツでお揃いもできますよ。

〒904-0115
北谷町美浜9-2　アメリカンデポビル
TEL：098-936-8250
営業時間：11時～21時
定休日：年中無休（年末年始は変動）

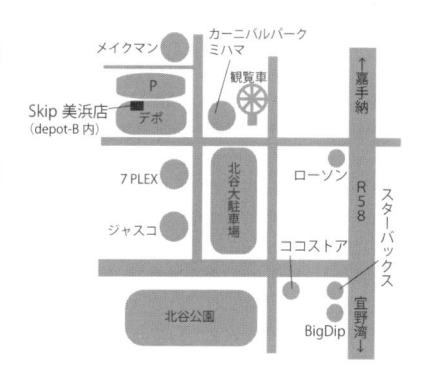

59

なちゅら。まむ

　自然素材・無添加にこだわったショップで、オーガニックコットンの肌着やタオル、無着色・無香料のパックスベビーシリーズの石けん、UVクリームなどを取り揃えています。その他、安心・安全な木の食器類や、リサイクルの子供服も充実。お気に入りが見つかります。

　〒904-0103　北谷町桑江587-9　1階
　TEL：098-983-7322
　営業時間：火～金　11時～19時、土11時～17時
　定休日：日・月・祝　駐車場：あり

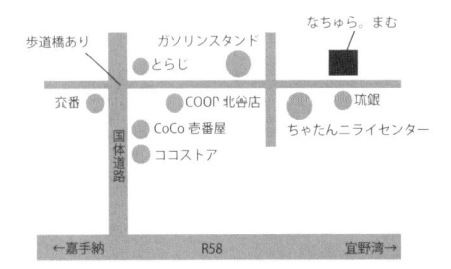

Whoop * Hoop
http://whoophoop.ti-da.net/

　カラフルでヒラヒラ！「ファンシー系」とオーナーさんが語る通り、温かいテイストの品を揃えたショップです。ベビー＆キッズ服、バッグ、水着、おもちゃ、食器といったアイテムから、Nubyの哺乳瓶など、海外直輸入の珍しいグッズも多数。土地柄、外国人のお客さんも多いのだとか。

　〒904-0117　北谷町北前1-20-3
　アーバンハンビー101
　TEL：098-926-1730
　営業時間：11時～20時
　定休日：水　駐車場：あり

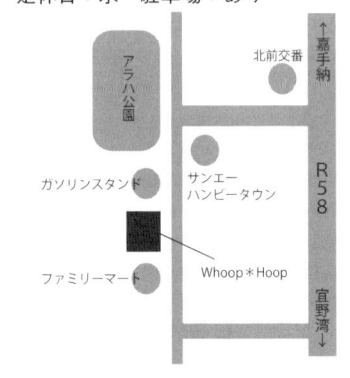

Angel Kid's（エンジェルキッズ）

　0歳から小学校高学年くらいまで向けの、ボーイズとガールズ向けリーズナブルな服が並びます。キャラものの哺乳瓶、シューズ、ソックスなど品揃えも豊富。セサミストリートやm&m'sのキャラグッズなど雑貨もあるので、子供だけじゃなくママやパパのお気に入りも見つかるかも。

　〒901-2227　宜野湾市宇地泊304-2
　TEL：098-898-6675
　営業時間：月～金14時～19時30分
　土・日・祝12時～19時30分
　駐車場：あり

ありんくりん

　派手めでキュートな海外子供服を、新生児からキッズまで販売する専門店です。その他、スタイや小型・大型おもちゃ、マザーズバッグなど、オーナーさんが気に入ったラインナップをそろえています。中部地域に全4店舗を展開、小学校の近くにある店舗では、子供向けの楽しい駄菓子や雑貨も多数扱っています。

◇泡瀬本店
　〒904-2172　沖縄市泡瀬3-45-2
　TEL：098-939-7711
◇読谷店
　〒904-0302　読谷村喜名477-5
　TEL：098-958-1117
◇ありんくりんリサイクル店
　〒904-2172　沖縄市泡瀬3-2-17
　TEL：098-989-0911
◇高原店（子供向け駄菓子・雑貨のみ）
　〒904-2163　沖縄市大里80-1
　TEL：098-938-0777

　営業時間：12時30分〜19時（高原店のみ〜20時）定休日：泡瀬本店、読谷店は年中無休（年末年始は休み）高原店は日曜休、リサイクル店は木曜休

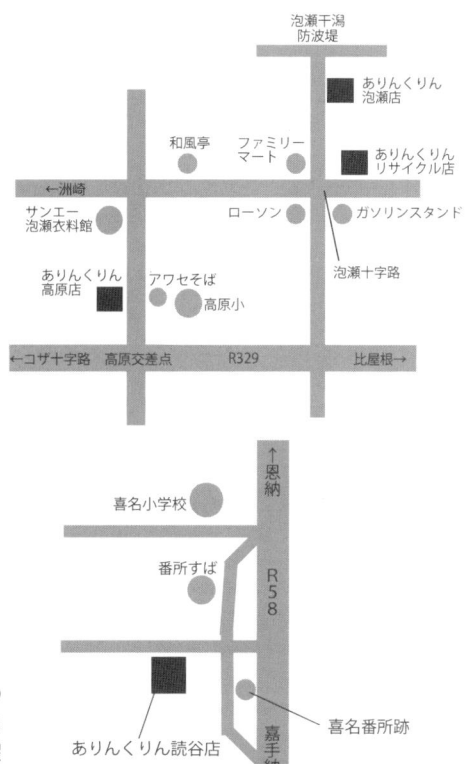

中期 満16〜27週まで

来夢亜（らむあ）

　沖縄市・一番街の中にあります。オーナーさんが「娘に着せたい服」「よそにはないキュートな服」という基準で選んだラインナップは、フリル、柄物、ラインストーンなど、その時々のトレンドをしっかりおさえています。おもに1歳から小学校までの女の子向けの服を扱っていますが、ベビーも着られそうな服、アイテムも多数。香港など海外から直接買い付けているので、価格もお手頃です。

　〒904-0004　沖縄市中央1-8-9
　TEL：098-963-8873
　営業時間：13時〜19時　定休日：不定休

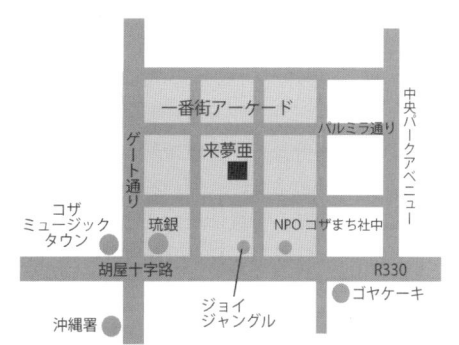

61

ROGER'S KID'S
（ロージャースキッズ）
http://plazahouse.net

広～い売り場には、見ているだけでウキウキしてしまう、色鮮やかでポップなデザインの子供服の数々。アメリカやスペインからバイヤーが厳選して買い付けているだけあって、おくるみひとつ取ってもセンスのいいプリントが施されとってもオシャレ。ブランドでは ZUTANO などが人気です。フォーマルドレス、バッグ、アクセサリーも充実していて、あらゆるシーンに対応可能。サイズはベビーから160cmまで。広い授乳室やプレイコーナー、ベビーカーの貸し出し、誕生日プレゼントがもらえる会員カードなど嬉しいサービスがもりだくさんです。

〒904-0023　沖縄市久保田 3-1-12
プラザハウスショッピングセンター 2F
TEL：098-933-1141
営業時間：10時～20時　駐車場：可

こんぺいとう

「ありんくりん」の姉妹店として、海外ブランドの子供服やリサイクル商品などを豊富にそろえています。広々とした店舗にはプレイルームがあり、子供を遊ばせながらゆっくりお買い物ができそう。紙おむつで作った「おむつケーキ」もギフトとして人気だそうです。

〒904-2215
うるま市みどり町 5-26-9
TEL：098-972-6044
営業時間：11時～19時

Nimmari（ニマリ）

NICE CLAUP や home working など、マタニティ服ではないけど、大きなおなかでも、産後でも、おしゃれに着られる服を扱っています。麻や綿など天然素材を使っているので、赤ちゃんに触れても安心ですね。オーナーさんも子育て中のママですが、ゆっくりペースでイージーオーダーも。特に、店オリジナルのマザーズバッグは、サイズや布地など希望に応じて制作しています。

〒904-1115　うるま市石川伊波 199
TEL：098-964-6172　営業時間：12時頃～17時　定休日：金・土　駐車場：あり

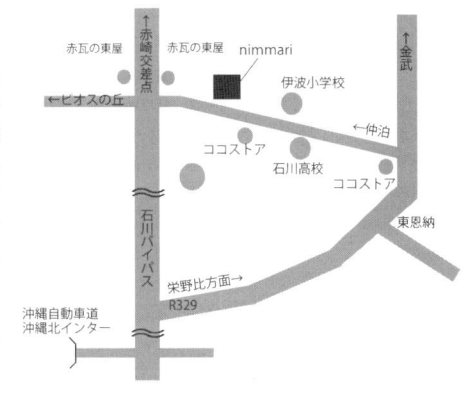

62

出産・育児用品が買える店
マタニティ・ベビー専門店

□ 西松屋

『出産準備おまかせ本』を全店舗で無料配布しています。携帯サイト「ミミちゃんパーク」でセール情報、プレママ情報、サイズ早見表が見られます。

那覇新都心店
〒900-0006　那覇市おもろまち 3-4-26
TEL：098-861-8320
営業時間：10 時～ 21 時

北谷店
〒904-0116　北谷町北谷 2-18-4
TEL：098-926-1219
営業時間：10 時～ 21 時

マリンプラザあがり浜店
〒901-1304　与那原町東浜 68-1
TEL：098-944-6011
営業時間：10 時～ 21 時

沖縄美里店
〒904-2155　沖縄市美原 3-18-15
TEL：098-934-7360
営業時間：10 時～ 21 時

宜野湾店
〒901-2227
宜野湾市宇地泊浜原 558-14
TEL：098-890-0533
営業時間：10 時～ 21 時

名護店
〒905-0011　名護市宮里 7-24-58
TEL：0980-52-7372
営業時間：10 時～ 20 時

中期 満 16～27 週まで

□ ベビーザらス　那覇新都心店（「トイザらス」との併設型店舗）

プレママ・ストアツアー（予約制）…何を揃えたらいいか分からないプレママさんを対象に、ベビーズ・スペシャリスト（ベビー用品や育児に関する専門知識を豊富に持つ店舗スタッフ）が付き添ってアドバイスしてくれます。購入不問、参加費無料。

〒900-0006　那覇市おもろまち 3-3 あっぷるタウン 1F
TEL：098-865-5566　営業時間：10 時～ 22 時　不定休

□ バースデイ

マタニティ衣料、インナー等の出産準備品から産後用品まで、オリジナル商品をリーズナブルな価格で取り揃えています。また、子供服も多数扱っていますよ。

名護店
〒905-0012　名護市名護 4558-8
TEL：0980-50-9267

具志川店
〒904-2235　うるま市前原 169-4-1
TEL：098-982-6301

出産・育児用品が買える店
ショッピングセンター・大手衣料品店

□サンエー

　妊婦・ベビー限定ではありませんが、「サンエーカード」「サンエー Edy カード」を発行しています。買い物に応じてポイントをためることができてお得です。会員向けで、年に一度の優待セールなどを実施しています。

那覇メインプレイス
〒 900-0006　那覇市おもろまち 4-4-9
TEL：098-951-3300
営業時間：9 時～ 24 時

小禄ＳＣファッション館
〒 901-0151　那覇市鏡原町 34-40
TEL：098-859-1156
営業時間：9 時～ 22 時

豊見城ウイングシティ
〒 901-0242　豊見城市字高安 261-2
TEL：098-850-5100
営業時間：9 時～ 24 時

糸満ロードショッピングセンター
〒 901-0223　豊見城市字翁長 744-1
TEL：098-850-9343
営業時間：9 時～ 24 時

つかざんシティ
〒 901-1117　南風原町津嘉山 1471-2
TEL：098-882-7755
営業時間：9 時～ 24 時

しおざきシティ
〒 901-0364　糸満市潮崎町 2-2
TEL：098-840-3333
営業時間：9 時～ 24 時

経塚シティ
〒 901-2111　浦添市字経塚 652-1
TEL：098-871-3333
営業時間：9 時～ 24 時

マチナトショッピングセンター
〒 901-2133　浦添市城間 2008-1
TEL：098-879-4111
営業時間：9 時～ 24 時

西原シティ
〒 903-0102　西原町字嘉手苅 130
TEL：098-882-9100
営業時間：9 時～ 24 時

真栄原店
〒 901-2215　宜野湾市真栄原 2-3-8
TEL：098-897-2250
営業時間：9 時～ 22 時

大山シティ
〒 901-2223　宜野湾市大山７１２
TEL：098-898-3300
営業時間：9 時～ 24 時

ハンビータウン
〒 904-0117　北谷町北前 1-2-3
TEL：098-936-9100
営業時間：9 時～ 24 時

中の町タウン
〒 904-0021　沖縄市胡屋 2-1-56
TEL：098-932-2322
営業時間：9 時～ 24 時

泡瀬衣料館
〒 904-2172　沖縄市泡瀬 5-1-11
TEL：098-939-2111
営業時間：9 時～ 24 時

具志川メインシティ
〒 904-2244　うるま市江洲 450-1
TEL：098-974-1300
営業時間：9 時～ 24 時

赤道ショッピングタウン
〒 904-2242　うるま市字高江洲 1031-1
TEL：098-973-4131
(1F 食品フロア) 営業時間：9 時～ 24 時
(2・3F 衣料フロア) 営業時間：9 時～ 22 時

与勝シティ
〒904-2311　うるま市字勝連南風原5111
TEL：098-978-8888
営業時間：9時〜24時

石川ショッピングタウン
〒904-1103　うるま市石川赤崎2-1-1
TEL：098-964-5000
営業時間：9時〜24時

東江ショッピングタウン
〒905-0021　名護市東江1-2-13
TEL：0980-53-3000
営業時間：9時〜24時

為又シティ
〒905-0005　名護市字為又904-5
TEL：0980-54-0222
営業時間：9時〜24時

ショッピングタウン宮古衣料館
〒906-0012　宮古島市平良字西里463
TEL：09807-4-3322
営業時間：9時〜22時

石垣シティ
〒907-0002　石垣市字真栄里301-1
TEL：09808-3-2111
営業時間：9時〜22時

□ジャスコ

　プレママから3歳児までのお母さんを対象に「すくすくクラブ」、おじいちゃんおばあちゃんむけに「孫カード」があり、会員対象のセール「すくすくフェア」を年4回実施中。会員限定の割引デーや講習会の案内も送ってくれます。

那覇店
〒901-0155　那覇市金城5-10-2
TEL：098-852-1515
営業時間：10時〜24時

南風原店
〒901-1104　南風原町宮平264
TEL：098-940-6100
営業時間：10時〜24時

北谷店
〒904-0115　北谷町美浜8-3
TEL：098-982-7575
営業時間：10時〜24時

具志川店
〒904-2235　うるま市字前原幸崎原303
TEL：098-983-6565
営業時間：10時〜24時

名護店
〒905-0012　名護市字名護見取川原4472
TEL：0980-54-8000
営業時間：9時〜24時

□マルエー

那覇一日橋店
〒902-0073　那覇市上間290-4
TEL：098-834-1150
営業時間：10時〜21時

首里店
〒903-0807　那覇市首里久場川町2-122
TEL：098-885-5555
営業時間：10時〜22時

とよみ店
〒901-0205　豊見城市根差部710
TEL：098-852-2228
営業時間：10時〜22時

アトール大里店
〒901-1206　南城市大里仲間1155
TEL：098-944-1422
営業時間：10時〜21時

サンプラザいとまん店
〒901-0303　糸満市字兼城400
TEL：098-840-3171
営業時間：10時〜21時

浦添店
〒901-2133　浦添市城間4-7-1
TEL：098-875-0035
営業時間：10時〜22時

宜野湾店
〒901-2204　宜野湾市上原1-7-2
TEL：098-893-6208
営業時間：10時〜21時

ハンビー店
〒904-0116　北谷町北谷2-14-4
TEL：098-926-1855
営業時間：10時〜20時

ネーブルカデナ店
〒904-0205　嘉手納町兼久372-2
TEL：098-956-2334
営業時間：10時〜21時

泡瀬店
〒904-2173　沖縄市比屋根2-1-1
TEL：098-932-0225
営業時間：10時〜22時

安慶名店
〒904-2215　うるま市みどり町5-2-3
TEL：098-972-4799
営業時間：10時〜21時

具志川店
〒904-2244　うるま市字江洲360
TEL：098-973-1143
営業時間：10時〜21時

名護店
〒905-0019　名護市字大北5-2-14
TEL：0980-53-6122
営業時間：10時〜21時

石垣店
〒907-0014　石垣市新栄町75
TEL：0980-83-8757
営業時間：10時〜20時

宮古店
〒906-0012　宮古島市平良西里919
TEL：0980-74-2800
営業時間：10時〜22時

※毎月5日前後に感謝デーを開催。全商品が15%引きなのでお得です！

妊娠・出産・子育て パパさんの心構え！ その3

　病院の両親学級にも参加しましたが、妻と友人から妊娠・出産・育児に関する本を渡されたので、これらの本に目を通して勉強しておきました。おかげでお産の時には特にあわてることもなく落ち着いて対応することができました。
ちなみに、渡された本は以下の通り。

『子どもが育つ魔法の言葉』（ドロシー・ロー・ノルト　他）
『新米パパのための妊娠・出産』（足立智昭　他）
『赤ちゃん学を知っていますか？』（産経新聞）
『0歳児の心の秘密がわかる本』（H.ヴァン・デ・リート　他）

育児がどのようなものか頭では分かっていても実際にやってみると大変！自宅でできる仕事は持ち帰ってすることで、可能な限り自宅で妻と子供と一緒にいるようにしました。（Oさん、1歳の男の子のパパ）

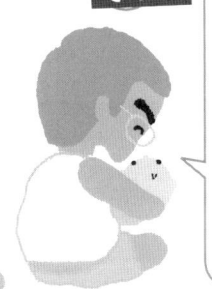

出産・育児用品が買える店
デパート

□沖縄三越
　5階がベビー、マタニティの売り場。広い休憩室、授乳室などがあり、ベビーカーの貸し出しもしています。品揃えは、リーバイスやロジャースなど、海外ブランドが豊富です。

〒900-0013　那覇市牧志2-2-30　TEL：098-862-5111　営業時間：10時～19時30分

□ デパートリウボウ
　8階がベビー、マタニティの売り場。穏やかな雰囲気で買い物ができます。授乳やおむつ替えができるベビーサロン、複数のフロアにおむつ替えシートなどがあります。

〒900-0015　那覇市久茂地1-1-1　TEL：098-867-1171　営業時間：10時30分～20時

中期 満16～27週まで

> お子さんの成長に合わせて、素敵な「絵本」「紙芝居」「おもちゃ」などを選んであげるのもいいですね。

トムテ
　絵本と童話の専門店で、穏やかな空間に並ぶ8000冊の品揃えは、子供だけでなく大人も楽しくなってしまいます。子供の年齢や性別にマッチした絵本選びを、お店の方がアドバイスしてくれますよ。
　〒903-0125　西原町上原116-6　TEL：098-946-6066
　営業時間：10時～19時　定休日：日（祝祭日は営業）

子どもの本の店　アルム
　絵本と紙芝居の楽しいお店です。0歳から楽しめる読み聞かせ、絵本と紙芝居に関して、おしゃべりをしながら知っていく勉強会「ゆんたくひろば　こだま」など、誰でも気軽に参加できる集まりもあります。まずは足を運んでください！
　〒904-0012　沖縄市安慶田1-29-10　TEL：098-938-4192
　営業時間：10時～19時　定休日：月

翔(はばた)く心の広場　学秀館
　絵本と木のおもちゃ専門店で、絵本以外にも育児書、一般書や沖縄関連本を含めて3万冊！自由に手に取って読んだり、遊んだり、子供へ読み聞かせたりできる素敵な空間です。子連れママだけでなく一般のお客さんも多いのだとか。
　〒900-0001　那覇市港町2-14-11　TEL：098-861-6448
　営業時間：月～金10時～18時、土・日・祝9時～17時
　※会員登録（無料、無期限）するとポイントカード発行など特典あり、
　　夏と冬にはキャンペーンを開催している。

出産・育児用品が買える店
フリーマーケット

□定期開催のフリーマーケット

　安く品物を手に入れたい時は、フリーマーケットの利用もおすすめです。掘り出し物を探すつもりで GO！

にぎわいフリーマーケット
会場：にぎわい広場（那覇市）
日時：毎月第 2 日曜　13 時〜 15 時
問い合わせ：チャレンジショップ
TEL：098-868-7855

ふれあいチャリティーフリーマーケット
会場：浦添市役所
日時：毎月第 2 日曜　9 時〜 14 時
問い合わせ：ふくしまふれあい交流事業実行委員会　TEL：098-874-4932

宜野湾マリーナフリーマーケット
会場：宜野湾マリーナ
日時：毎週土日　15 時〜 21 時
問い合わせ：沖縄県フリーマーケット協会
TEL：098-936-0132

フリマ in はえばる
会場：南風原町役場駐車場内
問い合わせ：はえばるエコセンター
TEL：098-889-4425

ハンビーフリーゾーン
会場：フリーゾーン（北谷町）
日時：毎週金・土・日・祝　17 時〜 23 時
問い合わせ：(有) 池宮商事
TEL：098-936-0220

jam's フリーマーケット
会場：ステーキハウス jam（恩納村）
日時：毎月第 3 日曜 11 時〜 15 時 30 分
問い合わせ：有限会社ジャム
TEL：098-965-262

未来ぎのざ日曜市ガラクタ市
会場：未来ぎのざ（宜野座村）
日時：毎週土日　9 時〜 17 時
問い合わせ：アンティーク長浜
TEL：090-8292-7281

フリマ情報はここで GET！

　上記で紹介したもの以外にも、駐車場や広場、お店、自宅を会場にした大小のフリーマーケットが県内各地で随時開催されています。最新の情報はインターネットや新聞に載っていますので、チェックしてみてくださいね。

沖縄フリーマーケット通り
http://auctions.ookisyoukai.com/start.shtml
開催情報、フリマ掲示板、また各地のフリマ会場の様子をブログで紹介しています。

沖縄宝島
http://www.dgco.jp/
「沖縄フリーマーケット情報掲示板」で、開催情報や口コミ情報がタイムリーに載っています。
　その他、「レキオ」、「琉流」、「ほーむぷらざ」などの副読紙に随時掲載されています。

□ kids も遊べるフリマ

　子ども連れで楽しく出店＆お買い物できるフリマというコンセプト。遊具がある牧港A&W に加え、2009年からマリンプラザあがり浜でも開催されています。子どもに人気のスライム販売、10円のゲームコーナーがあります。

○ kids も遊べるフリーマーケット in 牧港 A&W
　会場：A&W牧港店（芝生広場）
　日時：毎月1回、土曜日、9時～12時（6月～10月or11月はお休み）

○ kids も遊べるフリーマーケット in あがり浜
　会場：マリンプラザあがり浜（与那原町）
　日時：毎月1回、土曜日、9時～12時

　問い合わせ：マグマグ事務局 080-2001-3360（牧港、あがり浜共通）

□ 基地のフリマ

　米軍の方がおもに出店しているので、海外モノの洋服やおもちゃが手に入ります。大型のものが多いのも特徴です。

○キャンプキンザー（浦添市）第3土曜・日曜　12時～15時

○キャンプシールズ（沖縄市）第1、第3土曜・日曜　7時～10時

○キャンプフォスター（北谷町）第1土曜・日曜　12時～15時

○キャンプコートニー（具志川市）第2、第4、第5土曜・日曜　7時～10時
問い合わせ：TEL：098-970-5829（英語と日本語のアナウンスが交互に流れます）

中期 満16～27週まで

コラム　うちなー的内祝い

　子供が生まれたお祝いをいただいた時に、そのお返しに送るのが「内祝い」です。一般的には子供の名前で贈ります。タオルやお菓子、カタログギフト、子供の出生体重と同じ重さのお米など、多種多様です。沖縄でよくみられるのが、カステラやケーキに、子供の名前や生年月日を書いた「命名札」をつけたもの。おじいおばあの家に行くと、壁にずらりと孫やひ孫の命名札が張られていたりして、とてもほほえましいですよね。また、「ケンタッキー内祝い」なんていうのもあります。ケンタッキーフライドチキンの箱に「のし紙」をつけて贈るのですが、県外から来た人がこれには驚くようですよ。
（「マタニティ・ベビーの行事ごと」はp74）

出産・育児用品が買える店
リサイクル・レンタルショップ

□リサイクルショップ

CHILDREN'S PLACE
http://place.ti-da.net/

　子ども服、ベビー用の服はもちろん、最近は未熟児サイズにも力を入れているとのこと。ほかにベビー用品は、おしゃぶりホルダー、バウンサー、プレイマット、布おむつ、マタニティー服も少しあるそうです。
〒902-0072　那覇市真地341-2
TEL：090-4778-0608（イフク）
営業時間：13時〜17時30分（土曜15時〜18時30分）定休日：日・祝

from B
〒901-0154 那覇市赤嶺2-1-7
TEL：098-891-8159
営業時間：10時〜21時
ベビー服、マタニティ服、おもちゃなど。

fairies
http://fram8.ti-da.net/

　ベビー用品は、肌着、ロンパース、おもちゃ、ゆりかご、スリングなど。マタニティーウエアも多くはありませんが扱っています。
〒902-0071　那覇市繁多川5-25-25
（ファミリーマート向かい）
TEL：090-1948-9453（知念）
営業時間：月〜金13時〜18時、土曜14時〜18時　定休日：日・祝（土・祝は不定休）

リサイクル　めい
http://rino2.ti-da.net/

　宜野湾にある海外USED子供服＆おもちゃ・雑貨のSHOP。アメリカ、フランス製など、女の子のものが多いです。
〒901-2206 宜野湾市愛知214-1
TEL：090-1943-2239
営業時間：13時〜18時　定休日：日・祝

てぃふぁにぃー
http://yuratoarim.ti-da.net/

　沖国大近く、国内外ブランドリサイクル子ども服やハンドメイドの雑貨など扱っています。ネイル・アートメイクもやってます！
〒901-2211 宜野湾市宜野湾2-2-29
TEL：893-6133（仲村）
090-9780-4660
営業時間：月〜金12時〜17時

リサイクルショップ　キッズエリア
　ベビー、子供用品専門のリサイクルショップ。子供服は50cm〜140cm、4000点。おもちゃやチャイルドシート、ベビーカー、ベビーベッド、三輪車など充実しています。
〒901-2227 宜野湾市字宇地泊514-102
TEL：098-898-0713
営業時間：10時〜20時　定休日：水

リサイクルショップジョナサン
　ミルク用品、ベビーおもちゃ、腹帯、マタニティーズボンなど、さまざまな種類を扱っています。
〒901-2203 宜野湾市野嵩1-2-9
TEL：098-893-8686
営業時間：11時〜19時　定休日：日

セレクトリサイクルショップ Happiness
http://happinessokinawa.ti-da.net/

　状態にこだわったセレクトリサイクルショップで海外のベビー服がメイン。ゆったりとした店内には、中央にキッズスペースがあり、子連れママも安心です。
〒904-0113　北谷町宮城1-274-1F
TEL：098-926-1814
営業時間：木・金、13時～17時30分、第2・4日13時～17時

---

blue wave

　0歳～7歳ぐらいの子ども服やおもちゃ、靴。海外USEDものを中心に扱っています。
〒904-0113　北谷町宮城2-8
TEL：090-6863-8254
営業時間：金17時～20時、土13時30分～20時

B's-BASIC 沖縄美里店

　ベビー服のほか、ベビーバス、ベビーベッド、プレイヤードなど大型ベビー用品も揃います。
〒904-2154　沖縄市東1-2-35
TEL：098-921-4500
営業時間：10時～21時

じぁんぷ
http://jamp.ti-da.net/

　海外ブランド子供＆ベビー服メインのリサイクルショップです。
〒904-2164　沖縄市桃原2-12-7
TEL：090-5944-8230
営業時間：13時～18時（時間外でも連絡いただければ対応できます）定休日：不定休

Little Coco(リトルココ)
http://littlecoco.ti-da.net/

　海外・国内ブランド子供服＆ベビー用品のリサイクルショップです。
〒904-2215　うるま市みどり町3-13-2
TEL：080-3227-4233
営業時間：月・金13時～17時、第2日曜11時～16時

リサイクルマート YAMATETU うるま店

　ベビー用品、ベビーカー、チャイルドシート、おもちゃなどを扱っています。
〒904-2243　うるま市宮里266-5
TEL：0120-056-355
（代）TEL：098-975-2355
営業時間：10時～20時

B-STYLE　具志川店

　ベビー服、マタニティ服、おもちゃなどを扱っています。
〒904-2213　うるま市字田場1222-1
TEL：098-982-6226
営業時間：10時～21時

リサイクルショップ　海岸通り

　0歳から13歳までの洋服、マタニティ服、ベビーカー、三輪車、おもちゃ、だっこひもなど、アメリカの良い品を集めています。
〒904-1105　うるま市石川白浜1-5-37
TEL：098-964-4659
営業時間：11時～18時　定休日：月

中期満16～27週まで

＜チェーン店＞
□ ザ・マーケット王
http://www.m-king.jp

リサイクル＆新品ディスカウントの生活全般のお店。ベビー用品は状態を重視しています。衣類、ベビーカー、チャイルドシート、ベビーベッド、だっこひも、おもちゃ…etc。購入品の配達、組立設置も。全店舗年中無休。

浦添本店
〒901-2132　浦添市伊祖2-2-1
TEL：0120-12-0319
営業時間：11時〜20時

那覇与儀店
〒902-0076　那覇市与儀2-21-6
TEL：098 833-9222
営業時間：11時〜20時

那覇西高校前店
〒901-0155　那覇市金城2-11-4
TEL：0120-0319-35
営業時間：11時〜20時

オキナワシティ
〒904-2155　沖縄市美原1-5-1
TEL：0120-396-194
営業時間：10時〜20時

□ 生活館
ベビーベッド、ベビーカー、歩行器、チャイルドシートなどをそろえています。全店舗年中無休。

那覇店
〒901-0235　豊見城市字名嘉地338
TEL：098-852-2705
営業時間：10時〜20時

糸満店
〒901-0303　糸満市兼城369-10
TEL：098-994-7188
営業時間：10時〜20時

与那原店
〒901-1302　与那原町上与那原289
TEL：098-995-9078
営業時間：10時〜20時

てだこ店
〒901-2133　浦添市城間2893
TEL：098-878-7866
営業時間：10時〜19時

前田店
〒901-2102　浦添市前田1-46-1
TEL：098-942-5116
営業時間：10時〜20時

大謝名店
〒901-2225　宜野湾市大謝名4-3-17
TEL：098-942-2666
営業時間：10時〜20時

メインシティ通り店
〒904-2151　沖縄市松本920
TEL：098-921-2700
営業時間：10時〜20時

宮古店
〒906-0012　宮古島市平良西里1280-1
TEL：0980-74-2908
営業時間：10時〜20時

□ マンガ倉庫
http://www.mangasouko-naha.jp

テレビCMでもおなじみの、超大型リサイクルショップ。ベビー服、おもちゃ、チャイルドシート、本、雑誌などがあります。

那覇店
〒901-0145　那覇市高良3-1-12
TEL：098-891-8181
営業時間：24時間営業

泡瀬店
〒904-2174　沖縄市字与儀571
TEL：098-931-9911　営業時間：9時〜翌3時

<リサイクルプラザ>

那覇市リサイクルプラザ

　プラザの4階にリユースコーナーがあり、乳児服から130サイズまでのリサイクル子供服が、居住地を問わず持ち帰り可能です（服・グッズは一人5点まで）。また、予定で年に4回、リユース市を開催しています。繕い物やお裁縫ができるようなミシンスペースなどもありますよ。ミシン等の利用には予約が確実ですので、詳しくは同プラザにお尋ねください。

〒901-1105　南風原町新川641
TEL：098-889-5396　開館時間：月～金　8時30分～17時15分（リユースコーナー利用は9時～17時）
休館日：土・日・祝（第2土・日のみ営業時間：10時～15時開館）毎月最終日は休館

浦添市リサイクルプラザ

　もったいないの精神を広げたい！浦添市のゴミ減量の取り組みの一環として、市民から持ち込まれた衣類や家庭雑貨（ベビーカーやチェアなど含む）といった品を、誰でも持ち帰ることができます。大物家具は抽選を実施しています。

〒901-2128　浦添市伊奈武瀬1-8-2
TEL：098-861-3196　開館時間：火～日 9時～17時
休館日：月・祝、年末年始、慰霊の日、暴雨風警報発令時は休み　持ち込みは浦添市民のみ（点数に制限なし）、持ち出しは誰でも可（週に1回、6点まで）※持ち込み可能な品についてはお問い合わせください。

中期 満16～27週まで

□レンタルショップ

　ベビーカーやチャイルドシート、ベビーベッドなど、さまざまなベビー用品をレンタルしてくれるショップがあります。長期レンタルも可能、販売をしている店舗もありますので、まずは連絡を！

アイレント

http://airent.co.jp/

本社
〒901-2102　浦添市前田2-19-6
TEL：098-875-3337
FAX：098-875-3307

那覇店
〒900-0027　那覇市山下町2-36
TEL：098-859-7222
FAX：098-859-7277

中部店
〒904-2234　うるま市州崎7-9
TEL：098-937-5588
FAX：098-937-7071

赤ちゃんらんど
TEL：098-934-9551

ダスキンレントオール
〒901-1105　南風原町字新川98-1
金城アパート101
TEL：098-889-3224
FAX：098-882-6766

マタニティ＆
ベビーの行事ごと
お話・加治順人さん（護国神社神主）

戌の日参り

　妊婦さんに関係のある行事ごとといえば「戌の日参り」です。妊娠5ヶ月に入った戌の日に、神社に行ってお参りをして、おはらいをした腹帯（岩田帯）をおなかに巻き、安産を願うというものです。なぜ戌の日かというと、犬のお産が軽いため、それにあやかったものと考えられています。大安の戌の日や、休みにあたった戌の日などにお参りすることが多いようです。沖縄の場合、お寺に行く人も少なくありませんが、産土神様にお願いするという本来の意味を考えると、神社に参るのが本式と言っていいかもしれません。戌の日参りの風習は、本土復帰をきっかけに沖縄に入ってきました。実はそんなに古い風習ではないんですね。

　おなかに巻く岩田帯は、さらしタイプでもいいんですが、最近はおなかを持ち上げるような妊婦帯や骨盤ベルト、マタニティーガードルなどを持ち込む方も増えています。もちろんそれでも祈願できますよ。

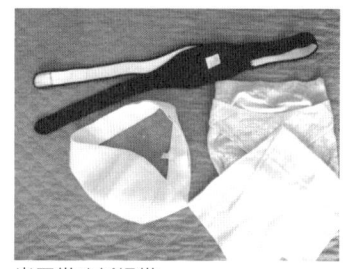

岩田帯や妊婦帯

うちなー人生儀礼

　沖縄にはマンサン祝い（満産祝い）という行事ごとがみられます。かつて沖縄では、産後5、6日は、お母さんの体を保護するために、離れで火をたいて寝たままで過ごすという習慣がありました。（ジールバタ＝いろりばた、といいます）。そのジールバタが明けたら、いろりの火を片付けてお祝いをしていたそうなんです。

　そして産後、お母さんの体が回復してから、赤ちゃんを連れて初めて外出する行事が「ハチアッチー」（初歩き）です。母親の実家に連れて行き、誕生を報告、親戚の皆さんへお披露目するのです。お祝いの時に「マースデーだよ」と

言ってお金を渡されたことがあるかと思います。この「マースデー」とは「塩代」のこと。赤ちゃんは、悪霊を見たり、霊が憑いたりしやすいと考えられているので、赤ちゃんが生まれたお祝いに塩を包んであげたりしていたそうです。それが転じてお祝い金を「マースデー」と言うのだそうです。親戚の人たちが、赤ちゃんの胸元にお祝儀を入れてくれたりするのも、塩が厄を祓ってくれることから来ているのだとか。ありがたいですね。

現在では、マンサン祝いとハチアッチー、初宮などが一緒になって行われる場合が多いです。

百日記念

生まれた日を1日目として、100日目は赤ちゃんの大きな節目です。その日を記念して、神社にお参りしたり、「百日写真」を撮ったりします。本土では、「お食い初め」の儀礼が一般的で、赤飯、汁物、尾頭付きの鯛などの料理を箸で取って食べさせる仕草を行い、一生食べ物に不自由しないよう祈願します。そのとき「歯固め」として、氏神が鎮座する神社の境内などから小石を拾って、料理に供えます。そしてそれを噛ませるような仕草をして、硬い立派な歯が生えるよう祈願します。この儀礼は、沖縄でも徐々に広まりつつあるようですよ。

【神社一覧】

沖縄で戌の日参りを受け付けている神社は以下の通りです。神社では、行事や祭典がある場合がありますので、お参りの際には電話で確認してください。(識名宮は要予約です)

その他、神社では赤ちゃんの厄払いや、七五三のお参りなども行っています。

護国神社
　〒900-0026　那覇市奥武山町44
　TEL：098-857-2798
　FAX：098-857-7917

沖宮（おきのぐう）
　〒900-0026　那覇市奥武山町44
　TEL：098-857-3293
　FAX：098-857-9762

波上宮
　〒900-0031　那覇市若狭1-25-11
　TEL：098-868-3697
　FAX：098-868-4219

普天満宮
　〒901-2202　宜野湾市普天間1-27-10
　TEL：098-892-3344
　毎日10時～17時受付。予約不要。
　直接来て、申し込み順に祈願を実施。

識名宮
　〒902-0071　那覇市繁多川4-1-43
　TEL：098-853-7225
　朝9時か17時半の回のみ（前日までに予約）
　常駐日は週1日（不定期）で、終日祈願を実施している。

宮古神社
　〒906-0012　宮古島市平良字西里1-1
　TEL：0980-72-6137
　FAX：0980-72-6157
　戌の日は予約不要　9時～12時、14時～17時に受付。
　他の時間帯を希望する場合は要予約。

天久宮（安産祈願を行っています）
　〒900-0012　那覇市泊3-19-3
　TEL：098-863-3405

中期 満16～27週まで

まじない

　赤ちゃんにまつわるまじないの代表的なものとして、「アンマークートゥー」がありますね。赤ちゃんの魂は不安定ですから、悪いものに取られないように「ウヤル　ンジュンドー　ヌーン　ンジュナヨー」（お母さんだけ見ていなさいね。他のものは見ないよ）と語りかけるんです。
ハチアッチーの時は、赤ちゃんの魂が落ちないように、魔除けのはさみを持っていったりしますよ。はさみは悪いものを断ち切るという意味があるので、生まれたばかりの赤ちゃんの枕元にも置いたりします。（安全には気をつけて！）近所でお葬式が出た場合は、赤ちゃんがヤナムン・マジムン（魔物）に連れていかれないように、戸を閉めて柱に縄でくくる仕草をしたりというのもありますね。
　また、赤ちゃんの魂（マブイ）は抜け出やすいとされ、くしゃみをした拍子にマブイが飛び出したりするのだとか。そのマブイが魔物に取られないように、くしゃみをした後に「クスクェー」（くそ食え）と言うおまじないもあります。

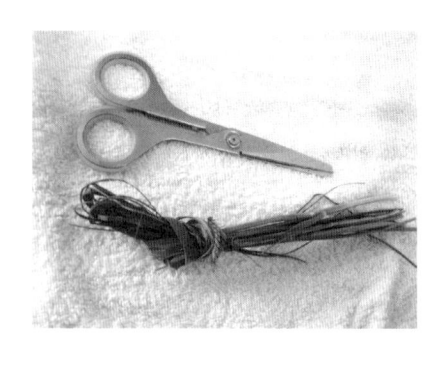

子授け祈願について

　神社で「子授け祈願をしていますか？」とごくたまに聞かれます。あくまでも噂ですが、「石垣の観音堂」や、普天間宮の洞窟の中にある「イルカ石」を触ると子どもが授かる、という話を聞いたことがあります。「泡瀬のビジュル」などもそうですが、「霊石」としてあがめられている石を触ることでご利益がある、つまり子を授かるという「霊石信仰」なんでしょうね。こういう信仰は古くからありますよ。他にも、予祝儀礼などといわれますが、子どもができない夫婦の家に、別の家の子どもを預けることで懐妊を願うという習慣があったようです。うちの神社にも、懐妊する前に安産のお守りを受けたいというご夫婦がいらっしゃいますが、それも予祝儀礼にならったものでしょうね。

加治　順人（かじ・よりひと）

1964年那覇市生まれ。大東文化大学経済学部経済学科卒業、皇學館大学神道学専攻科修了、沖縄国際大学大学院地域文化研究科修了（修士・社会学）。沖縄銀行に勤務、退職。現在は宗教法人沖縄県護国神社の権祢宜を務める。沖縄国際大学総合文化学部（沖縄の宗教）非常勤講師、新報カルチャーセンター講師など。論文に「沖縄の神社と神職に関する一考察」（1993）、「戦前の沖縄における招魂祭祀の受容とその展開」（2004）、著書に『沖縄の神社』（ひるぎ社、2000年）がある。

妊娠中の運動

つわりが済んで安定期(妊娠16週目頃)に入ったら運動を始めましょう。一般的に妊娠中は安静にしなくてはという思いが強く、なかなか体を動かすことをしない人が多いようです。でも適度に体を動かすことで血液循環を良くしたり、大きくなるお腹を支えるための体を整えていくことができます。ということは妊娠中にいろいろと生じるマイナートラブル（ちょっとした体の不調）を防ぐことができるのです。

さらにお産に向けての体作りにもつながります。昔に比べて現代は家電製品や車などに囲まれており、随分と体を使わなくてもいい生活になってきました。でもお産は昔も今も変わらない。これはかなり問題です。しっかりと意識して体作りをしなくては！

お産には持久力・筋力・柔軟性が求められます。ウォーキングやストレッチなど自分で気軽に出来るものと、妊婦さんが集まってみんなで楽しく運動するマタニティヨガやマタニティスイミングなどいろいろありますので、まずは自分に一番適した運動を始めてみましょう。また、始める前には必ず医師に相談してくださいね。

運動を始める前にもうひとつ！しっかりと栄養を摂って貧血のない状態で臨むことが大前提です。貧血なのに運動をしてしまうと体にかなりの負担がかかります。ご注意ください。**(助産師いしかわ)**

【簡単なマタニティエクササイズの例】
*ウォーキング１日１時間〜　　*ストレッチ　１日何度でもこまめに
*マタニティヨガ　　　　　　　*マタニティスイミング
*マタニティアクアビクス　　　*マタニティフラ
*マタニティビクス　　　　　　*マタニティボールエクササイズ

中期 満16〜27週まで

マタニティヨガ

おきなわヨーガ
http://yoga.ti-da.net/

　ご家族でヨガ教室を開いています。病院などでマタニティーヨガの教室を持っており、通院している人もそうでない人も参加することができます。
　TEL：070-5531-4712（木下）
　agaritida@gmail.com
◇毎週水曜日（9時30分～11時30分）：かみや母と子のクリニック（糸満市）通院者は500円／回、それ以外は1000円／回
◇毎週水曜日（14時～16時）ハートライフ病院（西原町）通院者は500円／回、それ以外は1000円／回
◇毎週金曜日（午前10時～11時30分）場所：那覇市新都心銘苅庁舎、4回：3000円（市内外在住ともに受講可）

ヴァイクンタ・ヨガセンター沖縄
http://www.vaikuntha.jp/

　全国的に有名な先生が監修したマタニティヨガのプログラムが受けられます。
　お母さんと赤ちゃんが肉体的にも精神的にも健康で幸せな気持ちで出産を迎えられるように考えられたプログラムで、股関節を開くことを意識したポーズでお産が楽になったり、逆さまになるポーズで逆子がなおる効果もあるそう。ヨガ初心者でも無理なくできるよう工夫されているので、どなたでも気軽に始められますよ。

〒900-0015　那覇市久茂地3-5-13　シティスペースビル4F
TEL：098-861-1988
マタニティクラス　毎週火曜日、10時30分～12時（90分）
入会金3000円、料金6800円（月額）

タイムスカルチャースクール

　日本マタニティ・ヨーガ協会指導員の新垣道子さんを講師に迎え、心と体の両面から「産む力」を引き出すためのヨガポーズや呼吸法、リラックス法、イメージトレーニングを行います。
　〒900-8678　那覇市おもろまち1-3-31　沖縄タイムス本社3F
　TEL：098-861-8740
　毎週月曜日　12時30分～14時
　入会金3150円、受講料18900円（全12回）随時募集、申し込みには指定の診断書が必要です。

うちなー健康広場
http://kinomusubi.ti-da.net/

　ママが健康に穏やかに過ごすことは、子供によい影響を及ぼすのだそうです。少人数の予約制で、クラスの時間や内容は、妊婦さんの体の状態に応じて変更されます。妊娠初期や臨月でも、瞑想や呼吸法によって穏やかな心と健康な状態を目指します。
（初期のヨガには医者の了解が必要です）
　〒901-2225　宜野湾市大謝名4-17-7
　TEL：098-890-5131
　時間：1時間以内、完全予約制
　1回2000円

M's FITNESS（エムズフィットネス）
http://m-s-fitness.com/

　赤ちゃんを横に寝かせて時折コミュニケーションをとりながらエクササイズ。開いた骨盤を締めて体型を整えるほか、授乳分泌や産後うつにも効果があるそうで、気分転換やママ同士のコミュニケーションにも一役買っています。
　〒905-0005　名護市為又907-18-1F（サンエー為又シティ、ジャスコ名護店裏手）
　TEL：0980-52-6560　駐車場：あり　mail：m-s-fitness@ezweb.ne.jp
　コースと料金：ママヨガ・ピラティス（60分：15名）毎週火曜日11時30分～12時30分　1回700円（産後1カ月より）※「ママヨガ・ピラティス」のコースは入会金不要。初回無料体験あり

ハワイアンフラ

Na Lei Aloha i Kamakani
（ナ　レイ　アロハ　イ　カマカニ）
http://pilipiko.ti-da.net

　子供からお年寄りまで楽しめる、アットホームな雰囲気のハワイアンフラスタジオ。
　マタニティフラのクラスが特別あるわけではありませんが、妊娠中も続けているメンバーが多く、妊婦さんや子連れ参加のママがたくさんいます。フラの動きは妊娠中の身体にとてもよいそうですよ。

〒900-0005　那覇市天久816　2F
TEL：090-9491-9285

クラスと料金：ゆったりクラス　水13時30分〜15時　ほか
入会金 3000円　月謝 5000円　体験レッスン 1000円

マタニティスイミング

ガルフスポーツクラブ
（マタニティスイミング）

　ガルフグループでは、生後6ヶ月以上の赤ちゃんを対象としてベビースイミングも実施しているそうです。

〒901-2101　浦添市前田2-17-2
TEL：098-942-0770
火・金　10時30分〜11時30分
料金：週1回＝6510円（月会費）、週2回＝8505円（月会費）（入会費についてはお尋ねください）
※妊娠16週以降、産婦人科医の診断書が必要、水着は持参

波の上スイミングスクール
（マタニティスイミング）

妊婦体操・呼吸法・リラクゼーションなどに取り組んでいます。

〒900-0037　那覇市辻3-1-40
TEL：098-863-7264
毎週木曜日　11時〜13時20分（週1回の4週）
料金：4200円
※妊娠16週以降、産婦人科医の診断書が必要、水着は持参
◆産後はママヨガ（毎週金曜13時〜14時30分、5250円／月）・親子スイミングのクラスもあります。

中期 満16〜27週まで

産後のエクササイズ

NPO法人マドレボニータ（沖縄支部）
http://blog.livedoor.jp/kanakom819/

　「マドレボニータ」とはスペイン語で「美しい母」の意味。産後の体と心を回復させるための「エクササイズとセルフケア」の講座を行っています。産後の腰痛や肩こりを予防する体の使い方や、自分で自分の骨格を調整する方法などのセルフケアを学ぶほか、バランスボールを使った有酸素運動、仕事や人生など、「○○ちゃんのママ」だけでない大人としての自分について考え、コミュニケーションスキルを高めるワークも行っています。

〒900-0032　那覇市松山1-32-5　兼次早苗バレエエクササイズスタジオ
実施時間：毎週水曜10時〜12時（4回で1コース）
料金：12000円（1コース）
申し込み：メール（kanakom@par.odn.ne.jp）
※生後210日（7ヶ月）未満の赤ちゃんに限り、一緒に受講可能。

妊娠後期
(満28週〜39週、8カ月〜10カ月)

　おなかがどんどん大きくなってくる時期で、仰向けで寝ると子宮の下になった大静脈が子宮の下敷きとなって圧迫されるため、仰向け寝が苦しいこともあります。この時期、健診で「逆子」と言われることがあるかもしれませんが、まだまだ胎児は体位をいろいろと変える時期なので、次の健診のときには自然に直っていることがよくあります。また、ときどきおなかが連続してピクンピクンと規則的に動くことがありますが、これは胎児のしゃっくりで心配ありません。近づいてくるお産に向けて、マタニティークラスなどの勉強会にも積極的に参加しましょう。

　妊娠36週に入ると、もういつ生まれてもいい時期（正期産）を迎えます。夜中にトイレに行く回数も増えて、ぐっすり眠れなかったり、足の付け根や恥骨が痛くなったりします。

　お産が近づくと「おしるし」や「前駆陣痛」などの兆候があります。前もって準備を万全に整えて、あとは焦らずのんびりお産に備えてくださいね。**(助産師いしかわ)**

　体調や体の変化、赤ちゃんの育ち方には個人差がありますので、100%この通りではない場合もあります。心配なことがあれば、かかりつけの医療機関に問い合わせてくださいね。

子育てにまつわる
お金の話

妊娠・出産・育児には、かなりのお金がかかります。また、仕事を休むことで収入が減ることも……。それらの場合には、行政の補助や手当を利用しましょう。

※手当や補助の内容については、個々のケースによってかなり変動します。本項では一般的な内容のみを掲載しています。まずは該当する窓口に問い合わせてください。

産前

Q：妊娠中、つわりや体調不良によって仕事を休んでしまいました。給料の面で不安です。

A：傷病手当があります。
体調不良で仕事を休んだ場合、休業4日目から支給されます。
〈おおよその支給額〉日給の3分の2×休業日数
〈対象〉仕事をしていて社会保険に加入している人
〈問い合わせ先〉会社の保険窓口か、全国健康保険協会沖縄支部

Q：産休中、収入が減ってしまうのが心配です。

A：出産手当金を活用しましょう。
出産を挟んで産前42日、産後56日のお休みのことを「出産休業」（産休）といいます。この産休中の生活を支えるために、勤め先の加入している保険から支給されます。
〈おおよその支給額〉日給の3分の2×休んだ日数分
〈対象〉社会保険に加入していて産休を取っている人
　　　（※退職する場合は担当窓口に確認を）
〈問い合わせ先〉会社の保険窓口か、全国健康保険協会沖縄支部

Q：お産のための入院や出産には、たくさんお金がかかるので不安です。

A：出産育児一時金を利用しましょう。

　加入している健康保険から、出産費用として原則38万円が支給されます。支給額は2009年10月から1年半の暫定措置で42万円に引き上げられます。

　また、支払いについては、保険から病院に直接払う「事前申請」、いったん支払って払い戻しを受ける「事後申請」の両方があります。事前申請を希望する場合は、加入している保険が事前申請を受け付けているか確認してください。

　2009年10月からは、すべての出産について健康保険から病院に直接支払いが行われます。出産費用が42万円を上回れば、差額は本人が支払い、下回った場合は手続きをすれば差額の払い戻しができます。

〈支給額〉原則38万円、2009年10月から2011年3月までは42万円（1年半の暫定措置）
〈対象〉社保・国保などに加入している人
〈問い合わせ先〉仕事をしている人……会社の保険窓口か、全国健康保険協会沖縄支部　国保加入者……市町村役所・役場

Q：妊娠中、切迫流産で長期間入院しました。お産も帝王切開だったため、医療費がかなりかさんでしまいました。

A：高額療養費という制度があります。

　出産費用は原則、健康保険の適用外ですが、妊娠中に体調不良などで通院・入院したり、帝王切開手術などで医療費が高額になった場合は、健康保険から「高額療養費」が支払われます。

※入院・手術の場合、事前に「限度額適用認定証」を作っておくと、費用の全額をいったん支払うことなく、保険対象内の自己負担額までの支払いで済みます。
〈おおよその支給額〉自己負担限度額を超えた金額
〈対象〉社保・国保などに加入している人
〈問い合わせ先〉仕事をしている人……会社の保険窓口か、全国健康保険協会沖縄支部　国保加入者……市町村役所・役場

後期 満28週〜

産後

Q：産後56日の産休を超えて、育児休業に入りました。賃金保障してくれる制度はありますか。

A：育児休業給付金という制度があります。

育児休業を取った人に、休業中の賃金保障として雇用保険から支給されます。

〈おおよその支給額〉賃金日額×育休日数×30%
※育休中も給料が支給される場合は、支給の割合に応じて調整され、給料が8割支給される人は対象外です
〈対象〉仕事をしていて雇用保険に加入している人
〈問い合わせ先〉会社の雇用関係窓口か、ハローワーク

Q：育休中も社会保険料を払わなければならないのでしょうか。

A：社会保険料の免除ができます。

産後56日の産休が空けても、継続して育児休業を取得する場合、「育児休業取得届」を提出することで、休暇中の本人および会社の社会保険料が免除となります。

〈対象〉仕事をしていて社会保険に加入している人
〈問い合わせ先〉会社の保険窓口か、社会保険事務所

Q：子供に関する手当について教えてください。

A：児童手当金があります。

12歳未満の子供1人につき、5000円または10000円が支給されます。（毎年2月・6月・10月に4ヶ月分ずつまとめて）子供が生まれたら支給開始の手続きをしましょう。年に一回「現況届」の提出が必要です。

〈対象〉12歳未満の子供を養育する人
〈問い合わせ先〉市町村の児童関係窓口

A：乳幼児医療費助成も利用しましょう。

　乳幼児の医療費で、保険適用分以外の自己負担分（2割）を払い戻しできます。

〈対象〉主として乳幼児が対象だが、何歳まで助成が受けられるかは市町村によって異なる
〈問い合わせ先〉市町村の児童関係窓口

A：児童扶養手当金もあります。

　母子家庭の母親、もしくは祖父母などで年金を受給していない養育者に支給されます。

〈対象〉18歳未満の子供を養育するシングルマザーなど
〈問い合わせ先〉市町村の児童関係窓口

復職後

Q：育児休業が開けて復職しました。時短を利用したり、正社員からパートになって子育てをしています。収入は減りましたが、保険料はそれまで通りで負担が大きいのですが……。

A：育児休業の月額変更ができます。

　収入が減った場合でも、次回の額決定まではそのままの保険料を支払わなければなりません。「育児休業等終了時報酬月額変更届」を提出することで、育児休業の終了した日からおおよそ3ヶ月が過ぎれば、現在の収入に相当した額に変更することができます。

〈対象〉仕事をしていて社会保険に加入している人
〈問い合わせ先〉会社の保険窓口か、社会保険事務所

Q：復職後、もらえる手当などはありますか。

A：育児休業者職場復帰給付金があります。

（育児休業給付金の一環です）

　育児休業が明けて職場復帰してから、6ヶ月在籍すると支給の対象となります。

〈おおよその支給額〉賃金日額 × 育休日数 ×20％
〈対象〉仕事をしていて雇用保険に加入している人
〈問い合わせ先〉会社の雇用窓口か、ハローワーク

後期 満28週〜

その他

Q：産後、税金はどうなりますか？

A：医療費控除・扶養控除が受けられる場合があります。
　年間（1月～12月）の医療費の合計額が10万円（所得金額が200万円未満の人は所得の5%）を超えた分から、税金が控除されます。扶養している人の医療費も含まれますが、健康保険などから支給（例えば高額療養費など）があれば、その分は除外されます。
　その他、子供を扶養に入れた場合、扶養控除の対象にもなります。いずれも確定申告や年末調整などで申告しましょう。
〈問い合わせ先〉税務署

コラム　妊娠中の仕事

　女性の社会進出が進み、男女平等の意識が高まってきている現代社会。いきいきと活躍する女性の姿はとても輝いています。でも、妊娠・出産時は男女の違いの壁にぶつかることがよくあるでしょう。仕事の能力やキャリアとは全く関係ない場合も多く、人間の本来のあり方を再認識させられます。

　私は、妊娠中だからといって仕事を休んだり辞めたりする必要はないと考えます。でも、体を無理させたり、ストレスを感じるのならば、それらはおなかの中の小さな命にも影響を及ぼします。

　職場に理解を求め、休暇や時短などといった制度を利用しましょう。そして、職場の側も妊娠・出産・子育て中の女性について理解を深めてほしいです。それが次世代の人材を育てることにもつながるのですから。

　また、夫や家族の協力が得られることがとても重要です。夫も家のことに協力的ではなく、近くに頼るあてもない場合は、経済的に何とかなるようならば、辞めたり休んだりするという選択肢もあります。

　自分にとって一番なにが大切なのか、それを考えて選択するといいでしょう。（助産師いしかわ）

【問い合わせ】

〈全国健康保険協会沖縄支部〉
〒900-0029　那覇市旭町 114-4　おきでん那覇ビル 8 階
TEL：098-951-2211

〈社会保険事務所〉

那覇社会保険事務所
〒900-0025　那覇市壺川 2-3-9
TEL：098-855-1118

浦添社会保険事務所
〒901-2121　浦添市内間 3-3-25
TEL：098-877-0020

コザ社会保険事務所
〒904-8790　沖縄市胡屋 2-2-52
TEL：098-933-2267

名護社会保険事務所
〒905-0021　名護市東江 1-9-19
TEL：0980-52-2574

平良社会保険事務所
〒906-0013　宮古島市平良字下里 791
TEL：0980-72-3650

石垣社会保険事務所
〒907-0004　石垣市字登野城 55-3
TEL：0980-82-9211

〈ハローワーク〉

ハローワーク那覇
〒900-8601　那覇市おもろまち 1-3-25
TEL：098-866-8609

ハローワーク沖縄
〒904-0003　沖縄市住吉 1-23-1
TEL：098-939-3200

ハローワーク名護
〒905-0021　名護市東江 4-3-12
TEL：0980-52-2810

ハローワーク宮古
〒906-0013　宮古島市字平良字下里 1020
TEL：0980-72-3329

ハローワーク八重山
〒907-0004　石垣市字登野城 55-4　石垣地方合同庁舎 1 階
TEL：0980-82-2327

〈税務署〉

那覇税務署
〒900-8543　那覇市旭町 9　沖縄国税総合庁舎
TEL：098-867-3101

北那覇税務署
〒901-2550　浦添市宮城 5-6-12
TEL：098-877-1324

沖縄税務署
〒904-2193　沖縄市字美里 1235
TEL：098-938-0031

名護
〒905-8668　名護市東江 4-10-1
TEL：0980-52-2920

宮古島
〒906-8601
宮古島市平良字東仲宗根 807-7
TEL：0980-72-4874

石垣税務署
〒907-8502　石垣市字登野城 8
TEL：0980-82-3074

【市町村の窓口】→ p43 の児童関係窓口へ

後期 満28週～

マタニティライフを楽しみたい！

　産前産後、心身ともにリラックスしたい！妊婦でもアクティブにすごしたい！そんな時は、お医者さんと体調と相談しながら、こんなサービスを受けてはどうでしょうか。口コミで集まった妊婦や子連れに優しいショップを中心に紹介します。

　※マタニティだけでなく、産後、子連れで利用できるサービスも含まれています。

アロマサロンキアラ

http://aroma-chiara.com/

　子連れ大歓迎！　赤ちゃんを抱っこしてリフレクソロジーが受けられたり、キッズルームでスタッフが優しく面倒を見てくれたりと、子連れに優しいショップです。母親が子供へマッサージをする「ベビーアロマ」も教えています。
　〒900-0004　那覇市銘苅2-8-30　フリーベル新都心第3-201
　TEL：098-862-3055
　営業時間：11:00～19:00（完全予約制）
　定休日：日曜、第2・第4水曜
　駐車場：あり（2台）
〈主なコースと料金〉
◇ヒーリングアロマトリートメント　全身5775円（90分）上半身のみ3150円（45分）、下半身のみ3150円（45分）
◇リフレクソロジー（足裏）30分　2100円
◇ベビーアロマ　1575円（1時間、オイル代込み）

エッセンシア

http://xn--cckl9bp3b3u.com/menu-essencia.html

　ロミロミ（ハワイ式マッサージ）やマタニティコースがあります。マタニティコースは妊婦さんのために横向きでマッサージを行います。初回割引（5000円）や回数割引があります。
　〒900-0015　那覇市久茂地1-2-20　OTV国和プラザ11F　1107号室
　TEL：098-951-0704
　営業時間：11時～20時（完全予約制）
　定休日：日　駐車場：なし
〈主なコースと料金〉
45分8000円　60分10000円

こくら治療院

http://kokurahari.com/default.aspx

　那覇市内に限り、女性の鍼灸師さんが家まで出張に来てくれます。自宅でリラックスしながらマッサージが受けられます。
　〒900-0022　那覇市樋川1-34-1
　TEL：098-835-3835

〈主なコースと料金〉
マッサージ 3000 円、鍼＋マッサージ 3500 円（いずれも 1 時間、アロマも要望に応じて）
※出張の場合は交通費（1500 円〜）がプラスされます。詳しい交通費はお問い合わせください。

フランジパニ
www.frapani.net/

　体を温める岩盤浴とフットパスとトリートメントがセットになっていて、体を温めて代謝をよくすることで肩こりや足のむくみに効果があります。厳選されたオイルを使い、横向きにマッサージを行うなど妊婦にやさしいコースです。
〒 902-0067　那覇市安里 411-1（1 階）
TEL・FAX：098-885-4111
営業時間：10 時〜23 時（最終受付 21 時 30 分）
定休日：月（公休日の場合は営業）
駐車場：18 台

Body care gu
http://bodycare.ti-da.net/

　カイロ、アロマテラピー、岩盤浴、ジェットバス、スイーツカフェ……。総合的なリラクゼーション空間として、こんなおしゃれなスパはいかがですか？　アロママッサージ、産後の骨盤矯正、ベビーマッサージなども実施。その他、講習会やアロマクラフト、高校生以下の子供向けの「スポーツリハビリ」も行っています。
〒 901-0151　那覇市鏡原町 8-9
TEL・FAX：098-859-0706
営業時間：月〜土　10 時〜20 時、木　10 時〜14 時
定休日：日・祝　駐車場：あり
〈主なコースと料金〉
カイロプラクティック（骨盤矯正など）3150 円、ベビーマッサージセミナー（2 回コース）5250 円
※その他はお問い合わせください。

アロマフォレスト
http://www.okinawa-aroma.com/menu.htm

　トリートメントオイルは妊婦さんのデリケートなお肌やお腹のベビーにも安心なオーガニックの高品質なものを使用。安定期からのマタニティコースはその日の体調に合わせたオーダーメイド。トリートメント時の体勢も、うつ伏せ用や横向き用のクッション大小を用意しています。ご家庭への出張も行っています。
〒 904-0115
北谷町美浜 1-3-5　MIHAMA BLDG 1-B
TEL/FAX：098-926-1822
営業時間：11 時〜21 時（最終受付 20 時、予約優先）
定休日：不定休　駐車場：あり（2 台）
〈主なコースと料金〉
プレママ 45 分 4400 円、60 分 5800 円

フットセラピー　エール
http://footyellshop.ti-da.net/

　フットセラピーで妊娠中の足のむくみがすっきり！　安定期以降の妊婦さんの体調に合わせて、個別にコースを組み立ててくれます。ねんねの頃の赤ちゃんをあやしながら施術を受けたり、ちっちゃいながらも「おうちごっこスペース」があるので、ママ友と行ってお互いの子供を見ながらというのもいいかも。
〒 901-2223　宜野湾市大山 2-15-30
1 階左
TEL：090-6860-5375（予約優先）
営業時間：10 時 30 分〜19 時　駐車場：あり
〈主なコースと料金〉
くつろぎフットコース　50 分 3000 円
※ほか、産後向け背中オイルコースなどもあり
※午前中の施術は前日までに予約。

後期　満 28 週〜

タイ古式マッサージ サンラーム

http://sanramu.web.fc2/com/index.htm

タイ古式マッサージはストレッチを中心に全身の筋肉やこりをほぐし、血液・気・リンパ液の流れを良くするマッサージ。サンラームでは特にマタニティコースはありませんが、キッズルームをご用意していますので、子連れでも安心です。出張マッサージもあります。

〒904-2142　沖縄市登川2-2-7
TEL：098-975-8923
営業時間：11時～19時（予約制）
〈主なコースと料金〉
タイ古式マッサージ（全身）
30分2000円、50分3000円、70分4000円

マタニティ割引あり！

健康ダイニング万菜

　県産食材、野菜をふんだんに使ったヘルシーな料理が自慢のバイキングレストラン。和洋中のおかず、デザート、ドリンクなど常時80～90種類のメニューを取り揃えています。妊婦さんにおすすめのメニューには、赤ちゃんマークがついています。

〒900-0006 那覇市おもろまち 3-7-26 2F
TEL：098-941-7755
FAX：098-941-7756
〈料金〉
◇ランチタイム（11時30分～15時30分）
大人1480円→妊婦さんは1184円（2割引）
◇ディナー（18時～23時）　大人1,980円
→妊婦さんは1,580円（2割引）

ママとパパにおすすめ本 📖

特別編集号
子連れで楽しむ沖縄

子連れ旅行のプランニングからお勧めの観光地・食べ物屋さん、子連れの視点で取材したホテル情報、親子で楽しむ自然体験・文化体験、子どもの預け場所、病院情報など県内外問わず、役立つ情報が満載。

沖縄子育て情報
ういず編
定価1365円
（税込）

虫と骨編
ゲッチョセンセのおもしろ博物学

セミはどこから息をするの？
沖縄のカナブンはカナブンじゃない？
家の中に出てくる小さな虫は何？
昆虫、動物の骨の仕組みについて、カラーイラストでよくわかる。
夏休みの自由研究に、自然観察会に。

盛口満著
定価1680円
（税込）

(有)ボーダーインク　〒902-0076　沖縄県那覇市与儀226-3
TEL：098-835-2777　FAX：098-835-2840

〈アクティブにすごしたい妊婦さんに〉

万座ビーチホテル
http://www.anaintercontinental-manza.jp/

　妊婦さんにリゾートを楽しんでもらえる「スマイルマタニティサービス」を提供中。妊娠月に応じた割引や、水着の無料貸し出しなどを行っています。他にも、抱き枕などのくつろぎグッズの貸し出し、マタニティーエステなど、さまざまなサービスあり。レストランでは食事にも配慮され、通常のハーフサイズで半額というメニューも提供しています。その他、託児所や子ども向け用品の貸し出しなど、子連れにも優しいホテルです。

〒904-0493　恩納村字瀬良垣2260
TEL：098-966-1211
FAX：098-966-2210

エコツアーショップ　オーパ
-Opa-
http://opa.sunnyday.jp/

　妊婦さんや小さい子連れでも利用できる、ゆっくり、のんびりなエコツアーです。アップダウンの少ないジャングルコースや、マングローブの干潟散策、ビーチからのスノーケリングなど、無理なくアウトドアを楽しめる配慮がなされています。0歳の赤ちゃんでも、登山用のベビーキャリアを利用して一緒に自然体験できますよ。

〒907-0451　石垣市桴海648
TEL：0980-88-2165（FAX兼）
携帯 090-6856-1429（完全予約制）
※日中はツアーに出ていて電話に出られない場合があります。
　着信があれば、夕方以降に折り返し連絡します。

〈主なプランと料金〉
◇一日ツアー（スノーケリングあり）
　中学生以上・大人1万円、0歳〜未就学児1000円、小学生7000円
◇一日ツアー（スノーケリングなし）
　中学生以上・大人8500円、0歳〜未就学児1000円、小学生5500円
※いずれも備品レンタル代、保険含む。一日ツアーは食事付き、半日・ナイトツアーもあります。

後期 満28週〜

パパさんの心構え！その4
妊娠・出産・子育て

　出産予定日が近づいてきたら、職場に「もうすぐ生まれるんです」とアピールしていたおかげで、いざ出産という時にはすんなり休みがもらえました。職場には言い出しにくい……という男性も多いとは思いますが、育児が始まればこれまでのように「仕事だけ頑張ればいい」というわけにはいきません。早めに覚悟を決めて、仕事と育児の調整、「ワークライフバランス」を取ることに力を注いだ方がいいと思います。
　ちなみに我が家は完全母乳の育児だったので、生後数ヶ月ほど、妻は1〜2時間おきの授乳がつらかったようです。一日一度くらいは自分がミルクをあげれば、少しは妻も長く眠れたかもしれないなと思います。

（おもちパパさん、9ヶ月の女の子のパパ）

妊娠中からのアロマセラピー

　赤ちゃんをおなかに宿した女性にとって、妊娠はそれをきっかけに今までの生活や考え方を見直すいいチャンスです。化学薬品などではなく、赤ちゃんのためになるべく体に優しい自然素材のものを使用したいと思われる方も多いはず。
　そんな時、アロマセラピーがきっと役立ちます。アロマセラピーとは、植物の有効成分を利用した芳香療法です。妊娠中や赤ちゃんにおススメの精油と簡単な使い方、逆にこの時期に使用を控えた方がいい精油をご紹介します。**(助産師いしかわ)**
　使用法で一番安全なのは、直接お肌に付けずに香りのみを嗅ぐ＜芳香浴＞です。

妊娠中のアロマ

つわりのときに
- かんきつ系（オレンジスイート、レモン、ライム、グレープフルーツなど）
- ペパーミント
- 真正ラベンダー

　などを1滴ハンカチかティッシュに落として嗅ぐ。またはお部屋の中でアロマポットやディフューザーを使用して焚く。

お産の時にリラックスを助け順調に進めるために
- 真正ラベンダー　・クラリセージ　・イランイラン

　などを1滴(またはそれぞれ1滴)ハンカチかティッシュに落として嗅ぐ。またはポットやディフューザーなどを使用してお部屋に薫らせる。

＊妊娠 36 週目までは控えた方がいい精油 (芳香浴での使用は可)

- クローブ
- シナモン
- クラリセージ
- スパイクラベンダー
- セージ
- タイム
- タラゴン
- バジル
- フェンネル
- ラベンダースーパー
- レモングラス
- レモンユーカリ

赤ちゃんのために

　産まれたばかりの赤ちゃんはママの母乳のにおいが大好きです。またきつい香りを嫌がる子もいますので、赤ちゃんの様子を見ながら慎重に使用しましょう。その時も芳香浴でのご使用をおすすめします。

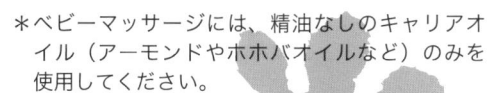

＊ベビーマッサージには、精油なしのキャリアオイル（アーモンドやホホバオイルなど）のみを使用してください。

○安眠のために
・真正ラベンダー　・カモミールローマン　・オレンジスイート・マンダリン
などをお部屋で焚く。

○あせも・おむつかぶれ・脂漏性湿疹に
　精油の副産物、フローラルウォーターがおススメです。おむつかぶれにはおむつを替えるごとに優しく洗ってあげ、ラベンダーウォーターをシュシュッとスプレーして、優しく押さえ拭きしてあげましょう。ラベンダーには穏やかに炎症を抑える効果がありますので、あせもの時にも大活躍ですよ。赤くなっている程度でしたら、ローズウォーターがおすすめです。

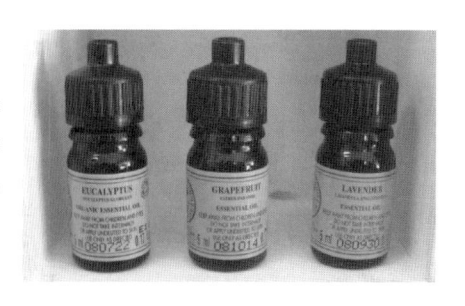

アロマセラピーに利用するエッセンシャルオイル（植物から抽出した 100% 天然の精油）は 1 滴に多くの薬効成分を含み、高濃縮されていますので、正しい使い方をする必要があります。特に妊婦さんや赤ちゃんには十分な注意が必要です。たくさんのメーカーや種類がありますので、アロマセラピストに相談しながら、①遮光びんに入っている②成分表がついている、というようなポイントで選んでくださいね。

マタニティ＆ベビーが、芳香浴以外の方法でアロマを使う場合は、通常の濃度よりもさらに低い 0.5 ～ 1% 以下の濃度にキャリアオイルで希釈したものを使用します。精油（エッセンシャルオイル）も植物性 100% でなるべくオーガニックのオイルで。資格を持ったセラピストにアドバイスを受けてからご使用ください。

後期　満 28 週～

> 子育てに関するお役立ちサイトを紹介します。
> いざという時に慌てないように、ブックマークに入れておいてもいいかも！

うぃず！
http://www.okinawa-with.org/

　沖縄で子育てをするなら、「うぃず」は絶対チェックです。子育てやリサイクル専用の掲示板、ネットショップなど情報が満載。週に一回、子育てに関する情報を携帯に配信してくれる「うぃずメール」も好評、会員募集中です。うぃずメール……wt@happy192.jp に、携帯から空メールを送って登録してください。

こどもの救急
http://kodomo-qq.jp/

　生後1カ月〜6歳までのお子さんを対象に、夜間や休日などの診療時間外に病院を受診するかどうか、判断の目安を提供しています。

日本中毒情報センター
http://www.j-poison-ic.or.jp/homepage.nsf

　子供が誤飲した時など、のんだ物別に対処法を知ることができます。24時間対応の電話「中毒110番」の情報も掲載。

沖縄県発達障害者支援センター「がじゅま〜る」

　自閉症・アスペルガー症候群、注意欠陥／多動性障害、学習障害などの発達障害のある方やその家族などの相談に応じてくれます。

〒904-2173　沖縄市比屋根629
TEL：098-982-2113　FAX：098-982-2114
メール：gajyumaru@shoni.or.jp
相談受付時間：9時〜17時（祝日を除く月曜日〜金曜日まで）

生まれた！

産後編

第2章

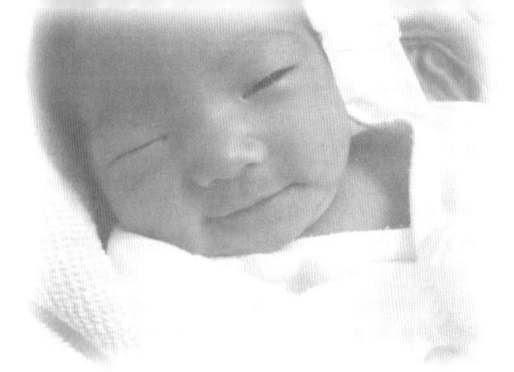

まずは届出を!

　出産おめでとうございます。まずは市町村へ出生届を出しましょう。子供に関する手当（→ p84）についても、忘れずに手続きをします。手続きには、生まれたお子さんの健康保険証が必要になってくる場合もあります。たとえば夫側の扶養に入る場合は、夫の会社の担当窓口に申し出ます。

市町村による出産・子育て支援サービス

　多くの市町村で、妊婦さんや子育て中のママのために両親学級やマタニティ教室、栄養指導、離乳食実習、オイルマッサージ教室、子育てサークルなどを実施し、さまざまな取り組みで出産や子育てを応援してくれます。詳しくは（p43）の児童福祉関連窓口に問い合わせてください。

赤ちゃん訪問

　「赤ちゃん訪問」とは、厚生労働省が「こんにちは赤ちゃん事業」と銘打って推進している、生後4ヶ月までの赤ちゃんがいる家庭を全戸訪問するというもので、もちろん利用は無料です。

　訪問にあたるのは助産師、保健師、母子保健推進委員のいずれかで、子育ての情報を提供してくれたり、産後の不安や悩みを聞いてくれます。これまでの訪問指導は希望者のみだったのですが、全家庭を対象としたことはとても画期的です。

　希望があれば、従来通り助産師が訪問指導することもできます。助産師が訪問することでさらに専門的なアドバイスが受けられたり、赤ちゃんの体重測定や母乳相談も受けられます。助産師訪問は妊娠中から受けることもできるので、ぜひ利用してください。

　赤ちゃん訪問は、各市町村単位で企画運営されています。そのため、お住まいの地域で若干方法が異なりますので、詳しいことは市町村役場の児童担当窓口（→ p43）にお尋ねください。

【訪問の流れ】

訪問員が、受け持ち地域の対象者に電話をかけ、日程調整をして訪問します。時間は10分ほどから。玄関先での聞き取り・情報提供が基本ですが、場合によっては家の中でお話を聞いたり、必要があれば保健師や助産師と連携をとることもできます。

予防接種について

母親から子供に移行した免疫は、生後、次第に失われていきますので、赤ちゃん自身が免疫をつけて病気を予防しないといけません。生後3ヶ月をすぎたら予防接種を忘れずに受けましょう。親子手帳を持って行くのを忘れずに。

予防接種は以下のような種類があります。（※1）

種　類	対象年齢
BCG（結核）	3ヶ月～6ヶ月未満
ポリオ（小児まひ）	3ヶ月～7歳半未満
DPT（D=ジフテリア、P=百日ぜき、T=破傷風）	3ヶ月～7歳半未満
Ⅰ期	初回は3ヶ月に入ってから3回、間隔を20日～56日あけて実施する。
Ⅰ期追加	Ⅰ期初回を終えてから1年～1年半後
DT 2期	11歳以上～13歳未満の間に1回
MR（麻しん・風しん混合）（※2）	
1期	1歳～2歳未満
2期	小学校就学前年の1年間
3期（H20～24まで）	中学校1年生相当の者
4期（H20～24まで）	高校3年生相当の者
日本脳炎（※3）　1期	3歳～7歳半未満（標準3歳、4歳）
2期	9歳以上13歳未満

※1　那覇市の「予防接種のお知らせ（平成21年度）」を参考にしています。予防接種の実施については、要件（個別・集団など）、スケジュールなどが各市町村によって異なります。市町村からの通知等をよく確認するか、詳しくは役所・役場の予防接種関連窓口に問い合わせてください。

※2　麻しん・風しんは、制度移行による接種漏れをフォローするため、混合もしくはそれぞれ単独での接種も行う市町村もあります（対象年齢は7歳半未満）。麻しん・風しんどちらか一方のみを接種している場合、あるいは罹患したことがある場合は、市町村へ問い合わせてください。

※3　新型ワクチンはすでに供給されていますが、厚生労働省が接種勧奨を行えば再開する予定です。
2期の方には新型ワクチンは使用できません。
流行地へ出かける等の理由で特に接種を希望する場合、市町村の予防接種関連窓口でお尋ねください。

生まれた！

子どもの預け先
産前・産後のヘルプ

どうしても子供を預けなければならない時、子育てをヘルプしてほしい時。サポートしてくれる場所があります。

ファミリー・サポート・センター

育児などの援助を受けたい人と行いたい人が会員になって、助け合う組織です。親の用事や息抜きの間、子どもを預かってくれたり、保育所への送迎や園終了後の預かり、買い物や家事のサポートなども行っています。サポートを受けるには、登録が必要ですので、お住まいの市町村のセンターに問い合わせてください。

那覇市ファミリー・サポート・センター
〒901-0155　那覇市金城3-5-4（那覇市総合福祉センター2F）
TEL：098-857-8991
（070-5810-4810（時間外＝8時～9時、18時～20時）　FAX：098-857-6052
開所時間：月～金9時～18時
利用時間と料金：月～土7時～19時：1時間あたり600円　その他（日、祝、早朝・夜間）1時間あたり700円
援助対象児：おおむね生後3ヶ月～12歳（小学生）

豊見城市ファミリー・サポート・センター
〒901-0292　豊見城市字翁長854-1（豊見城市役所内）
TEL：098-840-5633
FAX：098-856-7046
開所時間：月～金8時30分～17時15分
利用時間と料金：月～金7時～19時＝1時間あたり600円　その他（土・日・祝・夜間19時～21時）＝1時間あたり700円
援助対象児：おおむね生後6ヶ月～12歳（小学生）
※登録のときに面談あり、産前登録は不可、障害児の受け入れなし、買い物や家事サポートは不可

浦添市ファミリー・サポート・センター

〒901-2121　浦添市内間2-18-2
（浦添市地域福祉センター内）
TEL：098-870-0073
FAX：098-870-5151
開所時間：月～土9時～18時
利用時間と料金：月～土7時～19時＝1時間あたり600円　その他（日・祝・早朝・夜間）＝1時間あたり700円
援助対象児：おおむね生後3ヶ月～12歳（小学生）
※2人目以降は半額、産後であればいつでも登録可、3ヶ月にならないお子さんでも、相談すればサポートが受けられる場合も。

宜野湾市ファミリー・サポート・センター

〒901-2710　宜野湾市野嵩1-1-1
（宜野湾市役所内）
TEL：098-893-4411（内線458）
FAX：098-892-7022
開所時間：月～金8時30分～17時
利用時間と料金：月～土7時～19時＝1時間あたり600円　その他（日・祝・早朝・夜間）＝1時間あたり700円
援助対象児：0歳～12歳（小学生）

北谷・嘉手納・北中城ファミリー・サポート・センター

〒904-0103　沖縄市諸見里3-7-1（3F）
TEL：098-894-2988（時間外は携帯に転送）
FAX：098-894-5543
開所時間：月～土9時～18時
利用時間と料金：月～土7時～19時＝1時間あたり600円　その他（日・祝・早朝・夜間）＝1時間あたり700円
援助対象児：0～18歳（障害児、塾の送り迎えなど特例あり）
※2人目以降は半額、病児、病後児、緊急の場合は　平日1時間あたり700円、土日祝祭日は1時間800円。交通費、食費等は実費、産前登録可

沖縄市ファミリー・サポート・センター

〒904-2171　沖縄市高原7-35-1
（沖縄市福祉文化プラザ内）
TEL：098-933-1234
FAX：098-930-2886
開所時間：月～金8時30分～18時、土は9時～17時30分
利用時間と料金：月～土7時～19時＝1時間あたり600円　その他（日・祝・早朝・夜間）＝1時間あたり700円　病児、病後児＝1時間あたり700円　宿泊の預かり（21時～翌朝7時）＝1時間あたり500円
援助対象児：0歳～12歳（障害児はおおむね18歳まで）

うるま市ファミリー・サポート・センター

〒904-2215　うるま市みどり町6-9-1（みどりまち児童センター内）
TEL：098-972-6229
FAX：098-972-6200
開所時間：月～土9時～18時
利用時間と料金：月～金7時～19時＝1時間あたり600円　その他（土・日・祝・早朝・夜間）＝1時間あたり700円
援助対象児：おおむね生後3ヶ月～小学校3年生
※産前登録は応相談、2人目以降は半額、障害児の援助も実施

名護市ファミリー・サポート・センター

〒905-0014　名護市港2-1-2（名護市児童センター内）
TEL：0980-53-3926
（時間外携帯 090-6857-6114）
FAX：0980-53-3926
開所時間：火～金9時15分～17時30分
利用時間と料金：月～金　7時～19時＝1

生まれた！

時間あたり600円　その他　土・日・祝・早朝・夜間＝1時間あたり700円
援助対象児＝おおむね生後5ヶ月〜12歳（小学生）
※2人目以降は半額、産前登録・障害児の受け入れは応相談

宮古島市ファミリー・サポート・センター

〒906-0013　宮古島市平良字下里442（宮古島市働く女性の家内）
TEL：0980-73-5245（FAX兼）
開所時間：火〜土　8時30分から21時まで、日8時30分〜17時
利用時間と料金：月〜土　7時〜19時＝1時間あたり600円　その他（日・祝・早朝・夜間）＝1時間あたり700円
援助対象児＝おおむね生後3ヶ月〜12歳（小学生）
※2人目以降は半額、登録は生後3ヶ月から

保育すけっと IN ナハ

http://suketto.ti-da.net/

産休明けのサポーターが欲しい、双子や三つ子の子育てで大変、仕事や冠婚葬祭などで子どもを預けたい……など、さまざまな状況で手助けしてくれる有償ボランティアグループです。「利用会員」「提供会員」「コーディネーター」がいます。サービスを利用したい場合は、事前に「利用会員」になりましょう。原則として利用の1週間前までに事務局に連絡しますが、緊急時にも対応してくれます。調整がつけばどこの市町村在住でも利用可能なのも嬉しいですね。さまざまなケースに対応してくれるので、まずは電話を！

〒902-0071　那覇市繁多川4-22-6
TEL：070-5690-8329（24時間対応）　FAX：098-884-1715

■**個人預かり**

用事ができたとき、病児など。0歳児〜12歳ごろまでの子どもを預かってくれる。
月〜土　7時〜19時＝1時間あたり600円　その他（月〜土　19時〜7時・日・祝）＝1時間700円
※保険料100円（1回の利用ごと）、月会費100円（月ごと）

■**集団保育**

公民館の乳幼児学級、イベント、講演会などで、託児サービスを実施している。
サポーター1人につき、1時間1000円

■**おやこゆくり場 nukunuku**
→P114

シルバー人材センター

　妊娠中で掃除や洗濯、料理をするのが大変、子守りや上の子の送り迎えをお願いしたい……。シルバー人材センターでは、そんな困りごとに対応してくれます。
　センターに電話をして希望の仕事を伝えると、コーディネーターさんの仲立ちによって登録しているシルバーさんが派遣され、お願いする仕事に臨機応変に対応してくれます。お子さんとの顔合わせなどもできるので安心ですね。

　※料金は600円〜700円（1時間程度）ほどから、業務内容や時間によって変動しますので、詳しくはセンターに直接連絡を。

【近くのセンターを案内してほしい時は……】
沖縄県シルバー人材センター連合会
TEL：098-871-0330
FAX：098-875-0255

【特に、子育て支援業務に力を入れているセンターがあります。】

浦添市シルバー人材センター
〒901-2103　浦添市仲間1-10-7
TEL：098-875-1701・1702
※離乳食作りなどといった講座を受講したシルバーさんだけが、子育て支援業務に派遣されます。そのシルバーさんは市のファミリーサポートセンターにも登録して、両センターが連携を図っています。

糸満市シルバー人材センター
〒901-0303　糸満市兼城471-2
TEL：098-992-1007

沖縄市シルバー人材センター
〒904-2155　沖縄市美原3-1-1
TEL：098-929-1361
※センター内で学習支援事業「おさらい教室」を行っています。

うるま市シルバー人材センター
〒904-2203　うるま市川崎468　いちゅい具志川じんぶん館1階
TEL：098-972-2267・2268
※地域の学校に訪問して、放課後の学習支援事業「おさらい教室」を行っています。

一時保育

　パートなどの勤務、病気やケガ・入院・介護や看護などで子供の面倒が見られない場合に、地域の保育園で子供を預かってくれます。冠婚葬祭やリフレッシュ目的での利用もOK！まずは市町村の窓口（p43）で、一時保育を実施している園について問い合わせてくださいね。

生まれた！

病児・病後児保育

保育所へ通っている子どもが病気になり回復が長引いたときや、親の仕事の都合で休めない場合などに、一時的に子どもを預かってくれる施設があります。定員や費用・持ち物などといった要件を確認するために、必要になったらまずは連絡を！

※世帯の課税額に応じて、利用料金の減免がある場合もあります。該当すると思われる場合は P43 の児童福祉関連窓口にお問い合わせください。
※県からの委託で行っている施設を紹介しましたが、民間の施設でも病児保育を行っているところもあります。

■那覇市

安謝小児クリニック
こどもデイケアセンター
〒900-0003　那覇市安謝 215-1
TEL：098-869-0600
利用時間：月～土 8 時 30 分～ 18 時（日・祝休み）
利用料金：那覇市在住者は 2500 円、市外は 3000 円（昼食・おやつ代込み、受診費別途）

こくらクリニック
小児健康支援センター
〒900-0024　那覇市古波蔵 3-8-28
TEL：098-855-1020
利用時間：月～金 9 時～ 18 時　土 9 時～ 13 時（日・祝・年末年始休み）
利用料金：那覇市在住者は 1890 円、市外は 2625 円（昼食・おやつ代込み、受診費別途）

はるはうす
〒903-0805　那覇市首里鳥堀町 4-99
TEL：098-886-8808
利用時間：月～土 8 時～ 18 時（日・祝休み）
利用料金：那覇市在住者は 2000 円（食事・おやつ代込み）
※病院の診断書が必要です。

■豊見城市

松岡病児保育センター
〒901-0212　豊見城市字平良 215
TEL：098-850-7977
　　　病児室直通は 098-856-1685
利用時間：月～金 9 時～ 18 時 30 分（早朝 8 時から、延長は 7 時 30 分まで対応可）
土 9 時～ 13 時（早朝 8 時から対応可）
利用料金：豊見城市在住者は 2000 円、市外 2500 円（食費、おやつ代込み、受診費別途）
※早朝で利用する場合は前日の受診が必須

■糸満市

くでけん小児科
〒901-0305　糸満市西崎 6-11-8
TEL：098-994-2099
利用時間：月～金 8 時 30 分～ 18 時　土 8 時 30 分～ 17 時（日・祝・年末年始は休み）
利用料金：糸満市在住者・市外ともに 2500 円（食事代など込み、市在住者は課税状況に応じて減免制度あり）、受診費別途
※事前登録は不要、減免の手続き等は後日

■浦添市

浦添海邦病院
〒901-2134　浦添市港川2-24-2
TEL：098-878-8787
利用時間：月～土8時～18時（初回のみ、手続きのため8時30分より開始）（日・祝休み）
利用料金：浦添市在住者は4時間以内で2000円、4時間以上で2500円
市外は4時間以内で3000円、4時間以上で3500円（いずれも食事代など込み）
※院に小児科がないため、かかりつけ小児科からの指示箋が必要。その他、利用要件について、事前に必ず電話を！

浦添総合病院
小児デイケアもこもこ
〒901-2132　浦添市伊祖4-20-1　グレイスビル1階
TEL：098-942-6565
利用時間：月～土　8時～18時
利用料金：浦添市在住者は1日2500円、半日（4時間まで）2000円　市外は1日3500円、半日2500円（いずれも昼食・おやつ代込み）

■宜野湾市

海邦病院小児デイケア室
〒901-2224　宜野湾市真志喜2-23-5
TEL：098-898-2111
利用時間：月～土9時～18時（日・祝休み）
利用料金：宜野湾市在住者は2500円、市外は3500円（食事・おやつ代込み、受診費別途）

■北谷町

やびく産婦人科・小児科
〒904-0111　北谷町字砂辺306
TEL：098-936-6789
利用時間：月～土8時30分～18時30分
利用料金：北谷町在住者は2500円、嘉手納町在住者は1300円、それ以外は3500円（食事・おやつ代込み、受診費別途）課税状況に応じて減免制度あり。

■沖縄市

中部徳洲会病院
〒904-0011　沖縄市照屋3-20-1
TEL：098-937-1110
利用時間：月～金7時30分～18時30分　土7時30分～13時（日・祝休み）
利用料金：一日2500円、5時間30分以内の預かりは1500円（食事・おやつ代など込み、受診費別途）
※沖縄市在住者のみ、所得税や住民税の額に応じて費用の減免ができる場合があります。事前に沖縄市保育係、（TEL：098-939-1212・内線3135、3136）に電話してください。申請した日からの費用のみが対象になり、さかのぼっての払い戻しはできません。
※事前の診察は、院の近くにある「ソフィアメディカルサポートクリニック」にて。

■西原町

太田小児科医院
〒903-0122　西原町字小橋川164-1
TEL：098-946-5081
利用時間：月・火・水・金8時30分～17時30分、木8時30分～正午、土8時30分～15時30分　日・休み
利用料金：西原町在住者2500円、町外6000円（食費・おやつ代込み、診療費別途）

■名護市

名護療育園
〒905-0006　名護市宇茂佐1765番地
TEL：0980-52-0957
利用時間：月～土8時～18時（日・祝休み）
利用料金：2500円（食事代など込み、受診費別途、課税状況に応じて減免制度あり）
※名護市在住者のみ利用可、事前に市に登録が必要、診察あり

生まれた！

ショートステイ（子育て短期支援事業）

保護者の病気や出産、育児疲れ、経済的な理由によって一時的に子供の面倒が見られなくなった場合、7日以内で緊急一時的に子供の養育をしてくれます。

■那覇市

那覇市母子生活支援センターさくら
〒903-0805　那覇市首里鳥堀町4-99
TEL：098-886-7018
利用料金：2750円、前年度住民税非課税世帯は1000円、生活保護世帯は無料
援助対象児：3歳〜12歳、3日前までに申し込みが必要

■浦添市

浦和寮
〒901-2127　浦添市屋富祖2-5-14
TEL：098-877-8051
利用料金：2800円、前年度住民税非課税世帯は1100円、生活保護世帯は無料
援助対象児：3歳〜12歳、できるだけすみやかに施設に問い合わせを。

■名護市

なごみ
〒905-2171　名護市字辺野古1009-7
TEL：0980-55-3033
援助対象児：2歳〜18歳
事前に名護市児童家庭課（TEL：0980-53-1212）に登録、
利用時も同課にて申し込みが必要（3日前まで）
利用料金：一般世帯2750円
前年度市民税非課税世帯ならびに母子・父子家庭で課税世帯は1000円
生活保護世帯ならびに母子・父子家庭で非課税世帯は無料

■石垣市

ならさ
〒907-0024
石垣市字新川奈良佐1695-27
TEL：0980-88-8114
事前に石垣市児童家庭課（TEL：0980-82-1704）に連絡する。
利用料金：一般世帯2800円、前年度市民税非課税世帯は1100円、生活保護世帯は無料

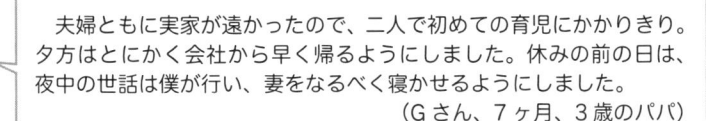

妊娠・出産・子育て
パパさんの心構え！　その5

夫婦ともに実家が遠かったので、二人で初めての育児にかかりきり。夕方はとにかく会社から早く帰るようにしました。休みの前の日は、夜中の世話は僕が行い、妻をなるべく寝かせるようにしました。
（Gさん、7ヶ月、3歳のパパ）

子育てタクシー

　タクシー会社の沖縄交通が「子育てタクシー」というサービスをスタートさせました。「全国子育てタクシー協会」の講習を受けた乗務員さんが、荷物の多い乳幼児連れの外出をサポートしたり、保護者の代わりに子どもの送り迎えをしてくれます。チャイルドシートやジュニアシートの設置もバッチリです。これから出産！という妊婦さんも、もちろん利用できますよ。

【利用のしかた】
会員登録制（無料）、予約制 TEL：098-861-2225（遅くとも2時間前までに）
那覇、浦添、豊見城エリアを基本とする。料金は通常のタクシー利用と同額です。

宅配サービス

　産前、産後の食事作りや買い物のサポートとして、宅配を利用してみてはいかがでしょうか。

生活協同組合 コープおきなわ
http://www.okinawa.coop
　食品や日用品がカタログで購入できます。妊婦さんや乳幼児のいるママには、個人宅配がおすすめ。重い荷物やかさばる商品も玄関先まで宅配、留守の時でも保冷ボックスに入れてくれます。カタログを見ながらゆっくり選べるのがありがたい！との利用者の声も。
TEL：0120-581-372
受付時間：月～金　9時～17時、土・日　9時～18時
利用料金：商品代に加え、個人宅配（お一人でもお届け）の場合は手数料240円（初めて個配利用の場合は手数料が4週間無料）
※その他、グループで利用・お店で受け取りなど、受け取り方法はいくつかあります。

ヨシケイ沖縄
http://www.yoshikei-dvlp.co.jp/index.php
　希望人数分の食材を毎日、おうちまで届けてくれます。栄養バランスもしっかり考えられた食材や、レンジでチン、湯煎だけで食べられるメニューもありますよ。レシピつきメニューブックから選べるので、料理が苦手でもバリエーション豊かな食事が作れます。
TEL：0120-29-6262
※毎週火曜日までに申し込めば、翌週の配達が可能。
※有料お試し、日単位での申し込みも可。

わだやの健康食宅配サービス
http://healthy.jcc-okinawa.net/
　健康弁当などの宅配サービスを実施しています。妊婦さんや授乳中の方におすすめの栄養バランスがとれた普通食の「がんじゅう弁当」、減塩食を希望する人には「健康食弁当」など、体の状態に応じたお弁当を届けてくれます。メニューは専門栄養士が携わり、他にも栄養指導、離乳食・食育の相談なども行っています。
TEL：098-992-6255
FAX：098-992-6258

生まれた！

乳房マッサージ
母乳相談

なんだか母乳の出が悪い、詰まりがあってつらい……そんな「おっぱいトラブル」の解消のために、母乳相談やマッサージを専門に行う助産院があります。

ウーマンズ・ヘルスケア島尻
（島尻貞子さん）

母乳に関する相談やマッサージに加え、妊娠期間・出産時にセルフケアができるように、また、子育てが日々楽しめるようなサポートを行っています。

〒 903-0821　那覇市首里儀保町 2-19
TEL：098-882-3850（FAX 兼）
費用：3000 円〜 5000 円／回
日程・時間帯は相談。出張不可

仲村ナーシング（仲村幸子さん）

ベテラン助産師の仲村さんが、楽しくおしゃべりしながらマッサージしてくれます。痛みもなく、終わった後は、ふわふわとやわらかくてよく出る「いいおっぱい」に。赤ちゃん連れも OK で、ぐずったら赤ちゃんを胸の上にのせてマッサージを受けられます。妊娠 37 週で正期産に入ったら、ぜひおっぱいマッサージを受けてほしいという考えから、産前の施術も受け付けています。

〒 900-0031　読谷村渡慶次 140
那覇市若狭 2-7-31-2F（那覇出張所）
TEL：098-958-0687
携帯：090-9071-7426
費用：4000 円（出張の場合は 8000 円）
日程・時間帯は相談

結 母乳育児相談室
（仲宗根美由紀さん）

有名な母乳マッサージ「桶谷式」を実践する相談室です。子連れやパパ同伴での来訪も OK。赤ちゃんの訴えや気持ちを引き出し、癒しにつなげる「抱っこ法」のレクチャーも行っています。

〒 904-0305　読谷村都屋 114-2（2 階）
TEL：098-989-0964
携帯：090-5027-2588
費用：初回 4000 円、次回から 3000 円
本島内出張可（出張の場合は 7000 円）
日程・時間帯：土曜の午後、日曜祝祭日は休みだが、日程の相談は可

母乳育児相談室 春（島袋春美さん）

産前産後ともに母乳に関する相談を行っており、温熱療法を取り入れた母乳マッサージや、卒乳の相談にも応じています。また、産前からの「からだケア」として操法を取り入れ、体のひずみを調整し、バランスを整える指導も行っています。

〒 901-1415　南城市佐敷新開 1-226
TEL・FAX：098-947-6786
携帯 090-5740-1411
費用：3000 円〜 5000 円　出張可
日程・時間帯：月〜金 13 時〜 18 時を基本に、相談可

こもり助産院（小森香織さん）

産前から「母乳準備教室」を実施、産後〜卒乳講座まで、おっぱいを通した「女性の一生」をトータルで考える取り組みを行っています。母乳相談やマッサージに加え、ニップルシールド（乳頭保護器）なしの直接母乳を目指す方も、ぜひどうぞ。

〒901-2224
宜野湾市真志喜3-4-16-403
TEL・FAX：098-898-5969
費用：5250円／60分、出張不可
日程・時間帯：10時30分〜17時を基本に、緊急時は相談で時間外対応も

助産院てぃだ（仲西三枝子さん）

乳腺炎やしこり、詰まりなど、主に乳房トラブルに関する相談やマッサージ、断乳の相談などを行っています。

〒901-2127
浦添市屋富祖1-3-19-1（2階）
電話・FAX：098-878-4027
費用：2000円（出張可、交通費を加算）
日程・時間帯：相談

Baby.mam（ベビードットマム）

落ち着いた雰囲気のサロンで受けられます。また、妊娠に伴う腰痛やむくみの改善に、マタニティトリートメント（全身60分で6000円、予約制、TEL：090-1368-7957）も行っています。

〒900-0033
那覇市久米2-31-1（3階）
TEL：098-862-7977
費用：妊娠中のケア2000円／30分、おっぱいがよく出るマッサージ、乳房トラブル、卒乳ケアなど4000円／60分
出張可（那覇市内のみ、出張料として1000円追加）
日程・時間帯：相談

コラム　母乳・ミルクに関して

母乳・ミルクどちらの育児になるかどうかは、母乳が出るかどうかが大きく関係してきますので、「哺乳瓶や殺菌消毒グッズなどは、様子を見て産後に買う」というママもいます。

粉ミルクは、各メーカーからさまざまな種類が出ています。抵抗力の弱い新生児のうちは、哺乳瓶を殺菌して使うことが多いです。薬品につけおきしたり、鍋で煮沸したり、レンジでチンして蒸気で殺菌するタイプもあります。

産後に赤ちゃんを預ける場合は、粉ミルクか、搾って保存していた母乳（搾乳＝さくにゅう）をあげることになります。搾乳の場合、搾乳器を利用したり、手で容器に直接搾り入れたりして冷凍します。母乳冷凍バッグがあると安心で簡単です。時たま、哺乳瓶を嫌がる子もいますが、その時はスプーンなどでもあげられます。

また、「授乳クッション」などもあります。Cの字状になっていて、ママの体の前側に置き、赤ちゃんをのせて授乳します。普通の枕やクッションでも代用できますよ。（母乳育児に関する勉強会もあります。→次頁）

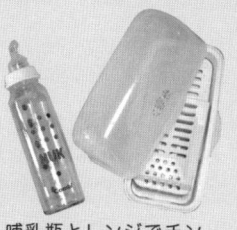

哺乳瓶とレンジでチンして消毒できる器具

生まれた！

> 母乳育児に関しては、こういう勉強会・団体があります。

おっぱいのわ！（沖縄母乳育児勉強会）

　おっぱいのわ！が広まってみんなで自然に母乳育児が出来るように、母乳育児を世間に広める会です。専門家、一般のお母さん方の垣根を越えて一緒に勉強しています。勉強会といっても堅苦しいものではなく、子供連れで集まっておしゃべりしたりと、。職種などを問わず、一般のお母さん、妊婦さん、医療従事者では医師、看護師、助産師、保健師と幅広い層が参加しています。事前の申し込みも不要ですので、気軽な気持ちで参加できます。
　　メール：bonyu_okinawa@goo.jp
　　ブログ：http://okinawabonyu.ti-da.net/
　　通常の勉強会の開催場所：浦添総合病院アルカディアビル６階・コスモホールソア（開催場所は変更になる場合がありますので、日時ともにブログなどでご確認ください。）
　　参加費：資料代として100円（通常の勉強会の場合）

コープおきなわ子育てグループ『まぁるミーティング』

　母乳育児しているお母さんや妊婦さんが参加し、助産師や先輩お母さんたちと一緒に、育児の悩み、おっぱいの悩み、保育園の話などを情報交換する場です。2009年で結成13年、第一子の育児中から参加し、次のお産の休暇中にふたたび参加……というママもたくさんいます。お友達を増やせる場にもなっていますよ。
　　場所：コープおきなわ浦添センター二階和室（バークレーズコート浦西向かい）
　　日時：毎月第１月曜日　10時〜12時まで（祝日の場合は翌週、行事等での変更もあり。雨天、台風の場合は中止）
　　参加費・会費：なし　参加申し込み：不要（当日直接参加ください）
　　問い合わせ：コープおきなわ組合員サービスセンター
　　（TEL：098-946-1222、月〜金　9時〜21時30分）
　　※駐車場あり。ただし、駐車できない場合もありますのでご了承ください。
　　※子連れの参加大歓迎！

※母乳外来を併設している病院もあります。p16〜のアンケートを参照して下さい。
※産後三か月までのお母さんを対象とした「赤ちゃん訪問」（→p96）によって助産師の訪問を受けると、母乳や卒乳に関する相談が無料で受けられる場合もあります。詳しくは市町村窓口（→p43）に問い合わせてくださいね。

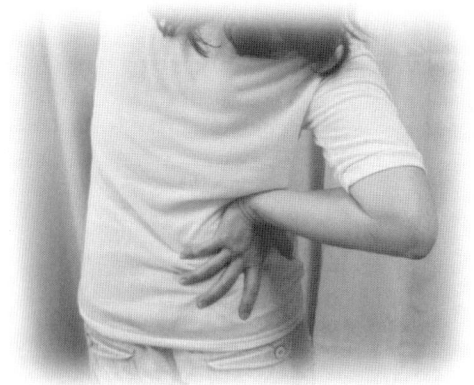

産前・産後の腰痛について

妊娠・出産によって、女性の体は大きく変化します。妊娠してから腰痛を起こす人も多いのではないでしょうか。産前・産後の腰痛について専門家に聞きました。

話し手・カイロプラクティック Naha　吉原裕喜

妊娠中・産後の体はどうなっているの?

　妊婦さんの場合、5ヶ月頃からおなかが大きくなってきますので、おなかを前に突き出し、背中を反るような姿勢になってきます。この姿勢は腰にもっとも負担がかかるんですね。さらに妊娠中は体重も増えますので、その重みの分、負担は増してきます。そのため、妊娠中・産後ともに最も悩まされるのが「腰痛」ということになります。

◇　　◇

　また、妊娠中に出る「リラキシン」というホルモンは、骨盤や特に恥骨の靱帯(じんたい)をゆるめ、骨盤を広げてお産を進めやすくする役割があります。しかし、そのホルモンの影響で、関節の靱帯もゆるんでくるわけです。そのゆるみをカバーするために、関節周辺の筋肉に力が入り、いわゆる「凝った」状態になります。通常であれば腹筋とのバランスで負担を軽減しようとしますが、妊婦さんは腹筋も弱っていますよね。

　そして靱帯がゆるいままお産を迎えて、産後もすぐ赤ちゃんのお世話などで腰に負担をかけていると、筋肉がいたみ、腰痛が起こってくるのです。どこかに痛みがあったら、妊娠中でも早めの治療をおすすめします。カイロプラクティックといえば骨をボキボキと鳴らしながら治療する……というイメージがあるかもし

腰痛を防ぐという視点から、妊娠中・産後は以下の点に注意しましょう。
- 妊娠中は、便通を良くする食事で便秘を解消し、お腹の腰への圧を下げましょう
- 活動と休息のバランスを取りましょう。動きすぎも休みすぎもいけません
- 産後は肥満の解消に努めましょう

れませんが、そればかりではありませんよ。出産間近の妊婦さんを治療することもありますが、上向きに寝てもらい、体の下にブロックを置いて調整するゆるやかな「ブロック治療」などによって改善しています。また、リラキシンの影響で恥骨のあたりが痛んだり、腱鞘炎にもなりやすいんです。家事や赤ちゃんのお世話などで手首の痛みを感じた場合は、サポーターなどを巻いて負担を軽くしてもいいですね。

腰が痛い！じゃあどこに行く？

産後、腰などに不調が出た場合、どこに行って治療してもらうかというと、整骨院・整体・整形外科・鍼灸院・カイロプラクティックなどを思い浮かべるかもしれません。しかし、その違いを把握している人はどれくらいいるでしょうか。

(1) 整骨院

「柔道整復師」という国家資格を持つ人が開いている院です。ぶつけたりした外傷、つまり脱臼・骨折やねんざ、打撲などといったものの治療が専門です。治療には保険が効くのが特徴です。

(2) 鍼灸院

はり師・きゅう師といった国家資格が必要です。鍼灸とはそもそも、痛みを感じるセンサー（ツボ）を鍼やお灸によって刺激することで血行を促進したり痛みを軽減させるもので、この治療の仕組みは科学的にも有効であると証明されています。また、東洋医学的な「気」の流れについても重視しています。

(3) 整体

民間医療の延長線上にあるもので、昔から連綿と続いてきた「経験の積み重ね」をもとに治療を行うものです。ものすごく腕のいい人もいれば、そうでない人もいるかもしれません。系統的な学問や国家資格を土台としてない分、玉石混淆と言えるかと思います。

(4) 整形外科

医療行為、つまり医師が病院や診療所で行うものです。レントゲン撮影写真などをもとに投薬や理学療法などの治療をしていきます。「骨が折れている・変形している」「筋肉が炎症を起こしている」というような病理的、解剖的な異状をレントゲン画像などから発見し治療するため、さまざまなリスクを減らせるという点で安心です。しかし、妊婦さんの場合は撮影ができない、画像には現れないような原因からくる痛みを治療しにくい、という面もあります。（腰痛の原因の85％ほどは、画像には現れてきません）

(5) カイロプラクティック

「関節と筋肉を正常な状態にし神経の働きを回復するための治療」のことです。患部だけでなく、患部周辺や体全体の関節や筋肉・神経のバランスをみながら治療を行います。アメリカの政府機関が急性腰痛に対して最も有効な治療であると評価しています。1895年、アメリカで作られ、現在は先進国30カ国で医療行為として法制化されています。それらの国と同等の教育をしている大学が日本にも数校ありますが、残念ながら日本ではまだ国家資格として認められていません。そのため、カイロプラクティック治療院はだれでも開けます。

病院などで医師が行う「通常医療」以外の医療的行為を「代替医療」と呼びます。薬によって、特定の部位を治療する通常医療とは異なり、概して体全体を見て負担のかからないように改善していくのが特徴ともいえます。世界保健機関（WHO）が代替医療として認めている手技は、鍼灸とカイロプラクティックだけなのです。アロマテラピーなども代替医療として知られていますよ。海外では通常医療と代替医療を合わせた「統合医療」などが積極的に行われており、近年、日本にもその流れが入ってきています。沖縄では、ハートライフ病院で「メディカルアロマ」を取り入れた統合医療が行われていますよ。

選び方のポイント

良心的なところを選ぶために、以下のようなポイントを参考にされてください。最終的には、体の不調が改善するのが一番大事です。どこに通ったか、周りの評判にとらわれすぎることなく、自分に合ったところを見つけてください。

(1)「治る」と言わないところ

きちんとした医療者であれば、「治る」というような表現はまず使いません。「可能性」の中での見解を述べます。「難病が治る」「必ず治る」などはもっての他です。そういった意味で、ひとつの目安になるかと思います。

(2) モノを売りつけないところ

サプリメントや高価な寝具、治療器具などを買わなければ治療しない、あるいは売りつけてくるようなところは、販売によって利益を得るのが主目的で、治療は二の次の可能性もあります。

(3) 問診、検査があるところ

重大な病理の可能性を除外し、安全を期するという面からも、さらに、どこが悪いのかを特定するという点からも、問診や検査をせずに治療するということはありえません。いきなり治療に

入るところは、あまりお勧めできません。ただ、経験で長くやってこられ、成果を上げている方もいらっしゃいますので断言はできませんが。

ストレスと痛み

どんな人にも言えますが、体の正常な状態を意識するのはとても大切です。いま自分に起こっている痛みや異状の原因が分からなければ、人は不安になり、ストレスを感じます。実は、このストレスが筋肉をこわばらせ、痛みの大きな原因になるんです。

治療して良くなったはずなのに、また悪くなった……という場合、原因がストレスということも少なくありません。ひと息ついたり、気分転換することも大事です。たとえば骨盤体操などのように、万人に共通の体操などを積極的に行うのは悪いことではないですが、体のつくりや骨盤のズレは人それぞれ違いますので、痛みや異常を感じたらすぐにやめましょう。そのためにも、治療院などに行って自分の体の状態を把握しておくのはとても重要ですよ。

産後、衰えた腹筋を強化するために、骨盤傾斜エクササイズ

①仰向けになり、膝を曲げます。おしりは床につけて浮かないようにします。
②おへそを凹ますようなイメージで腰を床におしつけるように腹筋に最大の力を入れます。
③そのまま、声を出しながら10数え、ゆっくりと元に戻します。
④これらを疲労を感じるまで、もしくは10〜15回繰り返します。
※運動中、痛みや異常を感じたらすぐにやめてください。

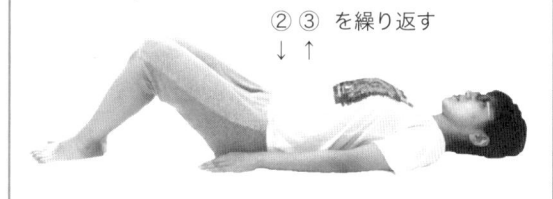

② ③ を繰り返す
↓ ↑

吉原　裕喜 (よしはら・ひろき)

1971年11月22日生まれ、愛媛県出身。大学卒業後、2001年にロイヤルメルボルン工科大学日本校（RMIT）に入学、カイロプラクティックについて学ぶ。2007年に同校卒業、来沖。同年11月、比嘉葉泉とともに那覇市長田に「カイロプラクティック Naha」を開く。応用理学士（臨床医学）、カイロプラクティック理学士。

カイロプラクティック Naha

http://www.chironaha.com/
〒902-0077　那覇市長田2-12-15　城間アパート A105号室
TEL：098-831-7527　　chironaha@gmail.com

集える場、子育て支援機関

　子育てに追われて息抜きする暇もなく、毎日子供と二人きりで、話し相手もいない……そんな時、ママたちが集ったり、専門家に相談できる集いの場があります。

コミュニティスペース「てぃ〜だの家」

　てぃ〜だの家は、カフェ、雑貨ショップ、手づくり市などイベントの会場など、その時々でさまざまな表情に変わる「場所」。共通して言えるのは、小さな子供のいるお母さんたちが気軽に集える場所になっているということ。

　緑豊かな庭にはブランコや砂場があり、建物はウッドデッキと広い室内で抜群の開放感！　子供はのびのび、お母さんはのんびりと過ごせる居心地のいい空間になっています。

〒903-0802　那覇市首里大名町1-277
TEL・FAX：098-835-5735

◇コミュニティカフェまんまん屋ぁ〜
月・水・金　12時〜16時　不定休
◇月の庭　NPO法人うてぃ〜らみやによるわらべ歌の会
火　10時30分〜11時30分

※上記以外は閉まっています。休みも不定期なのでお出かけの際は事前に確認を！

【不定期開催のイベント】
◇小さなおうち市…手作りの雑貨、食べもの、飲みものなど7〜8店舗をあつめたアットホームな市。
◇丘のチャペルのおにわ市…沖縄キリスト教学院キャンパスの中庭を借りておこなわれる市。出店は50店舗以上にのぼるにぎやかな市。

絵本と童具の子育て広場 がじゅまる

http://ehontodogunokosodatehiroba.ti-da.net/

　妊婦さん、0歳の赤ちゃんから子連れ、そして大人一人でも利用できる「遊び場」です。本物の絵本やおもちゃなどを通して、妊婦さんは子どもの心を豊かにする家庭づくりについて考える機会を。息抜きをしたいけど、赤ちゃんが小さくて外に出にくい……というママは、家のように過ごしながら気分転換を。また、赤ちゃんが生まれて寂しい思いをしている上の子と、密にふれあえる場としても利用されています。ご希望があれば、遊びに特化したベビーシッター「童具シッター」の若尾さんが、ママとお子さんが遊ぶ手助けをしてくれます。

〒904-2171　沖縄市高原5-18-1
有限会社ミヤデン内
TEL：098-975-6006
サイト内のメールから予約可

【利用料金】生後3ヶ月未満の赤ちゃん1人＋大人1人　無料
生後4ヶ月から幼稚園児まで　300円／1人
小学生から高校生まで　500円／1人
大人　600円／1人
利用日・利用時間は予約にて対応します。
※初回利用時に登録が必要（おすすめ絵本の小冊子代として200円）
※中学生以下は保護者と同伴

生まれた！

■親子ゆくり場　nuku nuku

　保育すけっと in ナハ（→ p100）が運営する、親子が一緒に来てくつろげる空間です。子育てに関する情報を提供しており、スタッフに気軽に相談できるあたたかい雰囲気。おもちゃや紅茶、無農薬などにこだわるコーヒーも置いてありますよ。

〒 900-0015　那覇市久茂地 3-15-18　ロイヤルマンション久茂地 2 階　202 号室
TEL：098-869-6700
オープン　毎週水・金　10 時～ 15 時
【利用料金】1 回 1 家族 200 円（保険料、維持管理費込み）、対象は 0 歳～ 6 歳の親子

桜坂劇場

　子連れで劇場で映画を楽しめるサービス「ママ＆ベビーシアター」を実施しています。シアター内を明るく、音を小さめにしてお子さんが怖がらないような配慮がされています。各作品につき 1 回程度の実施で、実施日時は桜坂劇場で配布している機関誌「FunC」にて確認してくださいね。

〒 900-0013　那覇市牧志 3-6-10
TEL：098-860-9555

児童館

　地域には、子供を連れて遊びに行ける「児童館」があります。親子・友達同士で遊んだり、子供クラブや母親クラブ、サークルがあったりと、活動は館によってさまざまです。18 歳以下ならば誰でも利用できます（幼稚園以下の子供は保護者同伴）ので、子連れで、ママ友同士で、気軽に利用してくださいね。

　43 ページの児童関係窓口で、近くの児童館を案内してくれます。

※その他、問い合わせると、お母さん同士で集まれる場所、子育てをサポートしてくれる機関について教えてくれますよ。

妊娠・出産・子育て
パパさんの心構え！その 6

初めての子育てで父親が出来ること。家事だの炊事だの洗濯だのといろいろありはするのですが。その中でも重要なことが「母親 (妻) と一緒にいてあげる」ことらしいです。それでもちろん万事うまくいくわけではないけれど、後になって「いてくれたから助かった／いなかったから辛かった」と気づくそうですよ。

（K さん、3 歳の女の子のパパ）

子育て支援センター、つどいの広場など

　子育てに不安があって、誰かに相談したい、同じ子育て中のママさんと知り合いたい、子供を遊ばせる場所が欲しい……そんな時にこの場をどんどん利用してください。子供を遊ばせたり、親同士がおしゃべりしたりと、乳幼児を持つ親子が気軽に集うことができます。

　家や職場、実家の近くなど、どこのセンターを利用してもOK。また、地域の子育てサークルなどの情報も得られますので、お気軽に問い合わせてくださいね。

　※これらの拠点は主に「地域子育て支援拠点事業」に基づくものです

■那覇・南部

【那覇市】
子育て支援センター
「ゆんたく」
(鏡原保育所)
〒901-0151
那覇市鏡原町10-38
TEL：098-859-3511

子育て支援センター
「むるが家」
(安謝保育所)
〒900-0003
那覇市安謝2-15-2
TEL：098-862-2584

子育て支援センター
「なんくる家」
(みどり保育園)
〒903-0804
那覇市首里石嶺町4-216-3
TEL：098-886-6044

子育て支援センター
「南風（フェームカジ）」
(あやめ保育園)
〒901-0152
那覇市字小禄4-11-14
TEL：098-858-2005

つどいの広場
わくわく
(栄町市場内)
〒902-0067
那覇市安里381
TEL：098-886-6623

つどいの広場
にこにこ
(古波蔵児童館内)
〒900-0024
那覇市古波蔵4-7-7
TEL：098-831-6786

つどいの広場
ぴよぴよ
(安謝児童館内)
〒900-0003
那覇市安謝2-15-2
TEL：098-862-4341

つどいの広場
さんさん
(かなぐすく児童館内)
〒901-0155
那覇市金城3-5-4
TEL：098-859-0099

つどいの広場ほのぼの
(小禄児童館内)
〒901-0152
那覇市小禄5-4-2
TEL：098-857-5377

つどいの広場ランラン
(識名児童館内)
〒902-0078
那覇市識名2-5-5
TEL：098-854-9656

【豊見城市】
子育て支援センター
「ふれんど」
(つぼみ保育園)
〒901-0202
豊見城市字嘉数469-5
TEL：098-850-4382

豊見城市地域子育て支援センター
(座安保育所)
〒901-0221
豊見城市字座安239-5
TEL：098-850-4382

【南風原町】
子育て支援センター
「ふくぎの家」
(宮平保育所)
〒901-1104
南風原町宮平9
TEL：098-889-3928

子育て支援センター
「つかざんたんぽぽ広場」
(津嘉山保育園)
〒901-1117
南風原町字津嘉山105
TEL：098-889-1336

がじゅまる広場
(かねぐすく保育園)
〒901-1105
南風原町新川160
TEL：098-889-4378

生まれた！

【与那原町】
子育て支援センター
「ひだまり」
(浜田保育所)
〒901-1303
与那原町与那原 1775
TEL：098-944-0644

つどいの広場
(町営江口団地集会所内)
〒901-1303
与那原町与那原 3857 A 棟
TEL：080-3986-9690

【南城市】
子育て支援センター
「あおぞら広場」
(あおぞら保育園)
〒901-1201
南城市大里字嶺井 537
TEL：098-945-3557

子育て支援センター
「めだか広場」
(めだか保育園)
〒901-1403
南城市佐敷字佐敷 230-1
TEL：098-947-1553

【八重瀬町】
子育て支援センター
「ピッピ」
(八重瀬町保健センター)
〒901-0401
八重瀬町字東風平 1318-1
TEL：098-840-7870

【糸満市】
子育て支援センター
「ぬくぬく」
(座波保育所)
〒901-0314
糸満市座波 611-5
TEL：098-852-3633

つどいの広場ぽかぽか
(県営西崎第二団地集会所内)
〒901-0305
糸満市西崎 3-7-6
TEL：098-992-6508

■中部

【浦添市】
子育て支援センター
「てぃんさぐの家」
(内間保育所)
〒901-2121
浦添市内間 4-26-20
TEL：098-870-0874

つどいの広場にこにこ
(西原児童センター)
〒901-2101
浦添市西原 4-9-1
TEL：098-878-1766

つどいの広場さんさん
(小湾保育所)
〒901-2113
浦添市大平 2-7-6
TEL：098-877-7566

子育て支援センター
「ほるとの家」
(ほるとの木保育園)
〒901-2131
浦添市牧港 1-64-6
TEL：098-979-9880

「柿の実ひろば」
(柿の実保育園)
〒901-2102
浦添市前田 1-11-17
TEL：098-878-2171

つどいの広場
(ルーブル保育園)
〒901-2134
浦添市港川 2-21-1
TEL：098-879-1188

つどいの広場あいあい
(経塚児童センター)
〒901-2111
浦添市経塚 1-17-1
090-9586-8809

【宜野湾市】
子育て支援センター
「いるかくらぶ」
(マーシー保育園)
〒901-2227
宜野湾市宇地泊 661
TEL：098-897-3532

子育て支援センター
「あっぷるランド」
(秋津保育園)
〒901-2212
宜野湾市長田 3-32-5
TEL：098-892-5068

子育て支援センター
「そよ風広場」
(しののめ保育園)
〒901-2201
宜野湾市新城 2-43-1
TEL：098-893-3806

子育て支援センター
「ほっと」
(しいの実保育園)
〒901-2214
宜野湾市我如古 2-26-2
TEL：098-898-7070

子育て支援センター
「ゆいゆい」
(さつき保育園)
〒901-2215
宜野湾市真栄原 3-24-13
TEL：098-898-5435

「パピヨンくらぶ」
(仲原保育園)
〒901-2204
宜野湾市上原 1-25-15
TEL：098-892-3013

なんくる
(はごろも保育園)
〒901-2223
宜野湾市大山 2-11-12
TEL：098-890-6511

HAPPY ひろば
(宜野湾保育所)
〒901-2211
宜野湾市宜野湾 3-13-10
TEL：098-892-5365

【西原町】
子育て支援センター
「まんぼうはうす」
(さざなみ保育園)
〒903-0113
西原町字安室 196-1
TEL：098-945-1164

子育て支援センター
「めぐみのひろば」
（西原白百合保育園）
〒903-0117
西原町翁長303
TEL：098-945-4534

【北谷町】
子育て支援センター
「ひだまりの里」
（ひだまり保育園）
〒904-0104
北谷町字桃原3-8
TEL：098-936-8084

子育て支援センター
（謝苅保育所）
〒904-0105
北谷町字吉原26-1
TEL：098-936-2430

ちゅらはま　みはま
（ファミリー保育園）
〒904-0115
北谷町美浜15-77
TEL：098-983-7472

【嘉手納町】
子育て支援センター
「ひまわり」
〒904-0203
嘉手納町字嘉手納290-9
TEL：098-956-2361

【読谷村】
子育て支援センター
「はばたけ」
（読谷村保育所）
〒904-0323
読谷村字高志保1406
TEL：098-958-3025

読谷村つどいの広場
（生き活き健康センター）
〒904-0305
読谷村都屋167-2
TEL：098-957-3366

【沖縄市】
沖縄市子育て支援センター
（胡屋あけぼのの保育所）
〒904-0021
沖縄市胡屋5-16-1
TEL：098-933-9330

子育て支援センター
「たんぽぽ広場」
（たんぽぽ保育園）
〒904-2142
沖縄市登川1-33-3
TEL：098-938-9379

ゆんたく広場シャローム
（シャローム保育園）
〒904-2171
沖縄市高原1-3-80
TEL：098-933-0087

つどいの広場　高原
（高原公民館）
〒904-2171
沖縄市高原4-5-40
TEL：098-937-3668

つどいの広場　泡瀬
（泡瀬公民館）
〒904-2172
沖縄市泡瀬2-3-26
TEL：098-939-7335

つどいの広場　中の町
（中の町公民館）
〒904-0031
沖縄市上地4-22-2
TEL：098-933-4259

【うるま市】
うるま市
子育て支援センター
（安慶名保育所）
〒904-2214
うるま市安慶名251
TEL：098-972-2183

子育て支援センター
「すこやかクラブ」
（すこやか保育園）
〒904-2212
うるま市赤野1391-1
TEL：098-973-1379

子育て支援センター
「きららクラブ」
（あかるい子保育園）
〒904-2205
うるま市字栄野比357-4
TEL：098-972-4358

子育て支援センター
「ひまわりルーム」
（ひまわりっ童ほいくえん）
〒904-2215
うるま市みどり町2-22-22
TEL：098-974-4611

子育て支援センター
「にこにこクラブ」
（百合が丘保育園）
〒904-2224
うるま市字大田757
TEL：098-973-6645

子育て支援センター
「むぎわら帽子」
（むぎの子保育園）
〒904-1107
うるま市石川曙3-3-10
TEL：098-965-0997

子育て支援センター
「大育ゆいゆいクラブ」
（大育保育園）
〒904-1106
うるま市石川2287-4
TEL：098-964-2744

■北部

【恩納村】
子育て支援センター
「わくわく広場」
（山田保育所）
〒904-0416
恩納村字山田99
TEL：098-982-5177

【宜野座村】
子育て支援センター
「すくすく」
（松田保育園）
〒904-1301
宜野座村字松田611-5
TEL：098-968-8701

生まれた！

117

子育て支援センター
「ぽかぽか」
（かんな保育園）
〒904-1304
宜野座村字漢那213
TEL：098-968-3355

【名護市】
子育て支援センター
「あしびなー」
（実りの里保育園）
〒905-0011
名護市宮里4-5-17
TEL：0980-53-0760

すだっちクラブ
（すだつ保育園）
〒905-0019
名護市大北4-24-14
0980-54-2261

地域子育て支援センター
「あい」
（あい保育園）
〒905-0017
名護市大中3-6-25
0980-53-7211

「パンの木」
（銀のすず保育園）
〒905-1143
名護市真喜屋682
0980-58-2301

子育てひろば
ヤッホーハウス
（やまびこ保育園）
〒905-0007
名護市屋部1697-1
0980-52-3670

【本部町】
「昴」（すばる）
（ドリーム保育園）
〒905-0228
本部町字伊野波438-1
0980-47-3602

■離島域

【久米島町】
子育て支援センター
「ほたる」
（久米島保育所）
〒901-3124
久米島町字仲泊862-33
TEL：098-985-2005

【宮古島市】
子育て支援センター
「わくわくランド」
（あけぼの保育園）
〒906-0015
宮古島市平良字久貝910-7
0980-72-9173

子育て支援センター
「くがにハウス」
（西城保育所）
〒906-0103
宮古島市城辺字西里添1037
0980-77-4716

子育て支援センター
「おひさま」
（伊良部保育所）
〒906-0507
宮古島市伊良部字長浜1394
0980-78-4451

上野子育て支援センター
（上野保育所）
〒906-0202
宮古島市上野字新里506
0980-76-2473

つどいの広場くれよん
〒906-0015
宮古島市平良久貝1059
（宮島マンション1F）
0980-73-7080

【石垣市】
子育て支援センター
「こっこーま」
（大川保育所）
〒907-0022
石垣市字大川70
0980-88-5219

子育て支援センター
「ゆい」
（オリブ保育園）
〒907-0003
石垣市字平得74
0980-83-4152

パパさんの心構え！その7
妊娠・出産・子育て

病院の両親学級に参加したのですが、いざお産の時には仕事に追われてしまい、慌てて病院に到着したときには生まれていました。綿密に仕事の調整もしておくべきでした。
（K城さん、1歳の女の子のパパ）

子連れで楽しむ

まだ小さい赤ちゃん連れでの外出は大変ですが、そんなママ＆パパでも行きやすいカフェ、ベビーマッサージのショップを紹介します。口コミで集まった情報を掲載していますが、他にもすてきなショップを探して下さいね。

Santa Fe（サンタフェ）

広々とした店内はベビーカーでもそのまま入れ、ベビーチェア・ベビーラックもありますので、小さな赤ちゃんでも一緒にテーブルにつけます。他にも、おむつ替えシートやベビーキープ完備のトイレなど、利用しやすい工夫がされています。

〒 901-0155
那覇市金城 3-4-1
TEL：098-858-9997
営業時間：11 時〜 22 時
年中無休

キッズコラボカフェ ぱんだこぱんだ

http://panda2007.ti-da.net/

畳間、授乳室・おむつ替えスペース、プレイスペース完備で子連れでも気軽に行けるカフェです。小さいお子さんでも食事のできるメニュー展開も人気ですよ。

〒 901-2171
浦添市内間 2-8-3
TEL：098-874-6234
営業時間：11 時〜 17 時 30 分（ランチ 11 時 30 分〜 15 時、ティー 15 時〜 17 時 30 分）
日・祝休み
※なるべく予約を

はぴぃキッズカフェ

ベビー・ハイローチェア、授乳室、おむつ替え室、畳間、キッズスペース完備のカフェです。その他、子連れ客に向けた配慮がたくさん！可愛いピンクの外観が目印。

〒 903-0116
西原町字幸地 580-3
TEL：098-945-8939
ランチバイキング　11 時 30 分〜 15 時
ティータイム　15 時〜 18 時
定休日：日曜・祝祭日

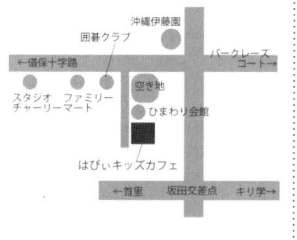

ひなた月夜

おむつ交換台、座敷、テーブル用の補助椅子、おもちゃなどが揃えてあります。キッズプレートなど、子どもの喜ぶメニューもあります。キャラクターケーキの注文も受けていて、誕生日会などで利用するご家族もいるそうですよ。

〒 904-0117
北谷町北前 1-11-11
TEL：098-989-1007
ランチ 11 時〜 16 時（15 時 LO）
ディナー 19 時〜 24 時（23 時 LO）
お昼は年中無休（時々不定休）、日・月の夜はお休み
※なるべく電話で確認を！

●ベビーマッサージ

ベビーコミュニケーション

http://okinawababymassage.ti-da.net/

少人数の落ち着いたクラスなので、ママ友と一緒でもマッサージが学べます。講習を受けたママたちが集まる交流会も予定しています。

TEL：090-7381-4082
実施時間：相談
料金：4000 円（2 回コース）

baby　lotus

教えてくれる辺土名さんの本職は運動指導師。希望があれば、ママ自身の産後セルフケアについても指導が受けられるそうです。

〒 904-0032　沖縄市諸見里 1-1-9
TEL：090-7585-7841
実施時間：相談、出張可
料金：お試しコース 1000 円／ 30 分、しっかりコース 4000 円／ 2 〜 3 回

ロイヤルベビーマッサージ Hug

ベビーマッサージだけでなく助産師の立場からの悩みや成長の相談にものっていただけるとか。骨盤整体、「トコちゃんベルト」の販売、ドイツのベビーバス「タミータブ」の説明販売も可能です。

〒 907-0002
石垣市真栄里 438-1-2 の 103
TEL：080-1777-8585（ハグハグ）
時間・休日：不定（TEL で予約）
料金：電話にて問い合わせ下さい。

生まれた！

妊娠・出産・育児 Q&A

■妊娠時について

Q：茶色のおりものが出ています。

A：おりものの色が茶色でしたらとりあえず様子を見ます。中で何らかの理由で出血し、時間が経った血液だと思われます。休んでいてもおなかが頻繁に張ってこないか確認したり、鮮血が出ないか注意をしていてください。また、おりものの状態(色、臭い、量、かゆみの有無)を併せて見ていきます。気になる場合はかかりつけの産科医に診てもらいましょう。

Q：妊娠中の夫婦生活について教えてください。

A：つわりがある時期や頻繁におなかが張ってくる時、出血が気になる時以外は、おなかに負担を掛けたり、奥まで刺激するなど無理なことをしないように気を付けてください。それができれば普段通りで構いません。夫が妻の体をいたわるように優しくマッサージしてあげたり、包み込んであげたりすることだけでも、妻の脳からリラックスホルモンが分泌して幸せな気持ちになれます。それが実は赤ちゃんへの胎教にもなるのです。

Q：旅行に行きたいのですが、大丈夫でしょうか。

A：行き先によってリスクも異なりますが、妊娠16週目（5ヵ月目）以降から、おなかが大きくなって動きが辛くなる妊娠30週目ころまで、主治医の診察を受けて許可が下りれば大丈夫です。特に飛行機を利用する場合は航空会社で規定がありますので問い合わせてみましょう。車での長時間移動も直接的な影響はありませんが、母体が辛さを感じたり、体調が悪くなることは間接的に赤ちゃんにも影響します。途中で適度に休みながら無理のないよう気をつけましょう。

Q：逆子と診断されました。何かできることはありますか

A：時期によっては、何もしないで様子を見ているだけでいい場合もあります。しかしいよいよお産が近づいてくると、早めに逆子を直す必要が出てきます。その時期や方法は、かかりつけの医師や助産師から指導が受けられます。普段から体を冷やさないように気をつけたり、精神的に安定することはとても大事です。

Q：体重増加が心配です。気をつけることは？

A：短い期間（例えば1週間）で急激に体重が増えたりする時には、食事だけでなく足などにむくみがないかチェックしてみてください。妊娠中に食事制限だけをする方がいます

が、栄養のことを考えるとそれは良くありません。むくみの原因は血液やリンパ液の循環不良、冷え、腎臓障害などがあります。もしもむくみはなく、体重だけが急激に増えるのでしたら、食事の内容と摂り方を振り返ってみます。精製された砂糖や脂肪を摂りすぎたりしていませんか？ 外食が続いていませんか？ 栄養の摂り方、考え方については p45 をご参照ください。もちろん運動も大切ですので、p77 も参考にしてください。

Q：こむら返りや足のつりがひどいです。気をつけることは？

A：「冷え」や「カルシウム不足」がよく言われる原因です。寝る前にぬるめのお湯で足を温め、その後に軽くマッサージをして筋肉をほぐしてみましょう。カルシウムについては他の栄養素も一緒に摂る必要がありますので、和食を中心とした食事から摂ったり、さらにマルチビタミンなどを上手に利用してみてはいかがでしょうか。

Q：まだ授乳中ですが、次の子を妊娠しました。授乳はやめるべきですか。

A：おめでとうございます！ この質問、よく受けるのですが、実は専門家でも意見が分かれているところです。母乳を飲ませ続けることは多くのメリットがありますので、切迫の流・早産のサイン（頻繁なおなかの張りや出血）がなければ続けていてもいいですよ、という意見もあります。しかし私としては、妊娠によって女性はただでさえ貧血になる傾向があるのに、そのまま上の子に母乳を飲ませ続けることで貧血状態が悪化することが心配です。
上の子がきちんと卒乳して、母体の体調をしっかり整えてから次の妊娠を迎えることをお勧めします。

Q：35歳を超えて初めて妊娠しました。体力的なことや子供のこと、不安があります。高齢出産について教えてください。

A：よかったですね！ 年齢はどうであれ、命を宿すのはとても素晴らしいこと。「赤ちゃんが、ママを選んできた」とも言われていますので、どうぞ自信をお持ちください。産科医に体調をしっかりと診てもらいながら、栄養を摂ったり、運動したりしてお産や育児に備えましょう。そして何よりもまずは自信を持つこと！ そしてできるだけリラックスしてマタニティライフをお楽しみください。不安が強ければ、助産師に相談してみてくださいね。

■産後の体について

Q：出産後、子どもを抱っこしたり、体勢を変えたりすると尿漏れをしてしまいます。

A：出産後には骨盤の底部に広がる「骨盤底筋群」が緩むことが多く、尿道括約筋の力が弱くなり、尿漏れを起こしやすくなります。産褥体操などで回復を早めましょう。

生まれた！

Q：産後、抜け毛がひどく、洗髪するたびに大量の毛が抜けてしまいます。

A：産後に抜け毛を訴える人は多いです。妊娠や出産によるホルモンバランスの変化で脱毛が起こるのです。一時的なもので、時期がくればしだいに治まってきます。

Q：目がかすむようになりました。出産すると視力が低下するのでしょうか？

A：産後は視力が低下すると言われますが、出産したことが原因で起こる訳ではなく、出産による疲労から一時的に見えにくくなるのです。視力は元に戻るので心配はいりません。2、3ヶ月経っても回復しない場合は眼科を受診するようにしてください。

Q：マタニティブルー、産後うつとはどういうものでしょうか。

A：マタニティブルーとは産後の精神状態が一時的に不安定になることをいいます。お産が終わってひと安心したのに、涙があふれたり、イライラしたり、眠れなくなることがあります。産後2、3日ごろから数週間の間に起こる状態です。ホルモンバランスが崩れることによって起こります。決して珍しい状態ではなく、正常な反応のひとつです。マタニティブルーは産後1〜2週間で治っていくのですが、それ以上マタニティブルーに似た症状が続くと、産後うつの可能性があります。そのような状態の時は、産婦人科で相談することをおすすめします。産後うつは他のうつ状態と異なり、早めに治すことが可能です。

■新生児の特徴について

Q：生後1ヶ月ですが、目はもう見えていますか？

A：赤ちゃんは、出生直後から目は見えています。明暗や、目の前で何かが動いたのがぼんやりと分かる程度です。目から30〜40cmのところで焦点が合います。生後1ヶ月なら、そろそろはっきりした色の識別もできるようになります。

Q：黒目が内側、または外側にずれています。

A：赤ちゃんは、斜視のように見えます。成長に伴ってだんだん直ってきますし、目の機能にはなんの影響もありません。

Q：赤ちゃんの頭にやわらかい「たんこぶ」ができました。頭血腫と言われましたが、放っておいてもよいのですか？

A：自然に吸収されるのを待つのが最善の方法です。完全に吸収されるのに2−3ヶ月かかることがあります。

Q：向き癖があって、同じ方向ばかり向いてしまいます。

A：赤ちゃんにも向き癖があります。首が据わり、起き上がっている時間が長くなると自然に直ってきます。

Q：「やっと寝た」と思ってベッドに置くと泣くので一日中抱っこしています、なにかいい方法はないでしょうか？

A：赤ちゃんはいろいろな理由で泣きます。おなかがすいて、おむつがぬれて、眠くなって、淋しくなっても泣きます。抱きぐせを心配する人がいますが、基本的に赤ちゃんは抱っこが大好きなんです。パパや周りの人と一緒に、負担になりすぎない程度に抱っこしてあげてください。

■母乳・ミルクについて

Q：1時間ごとに泣くけれど、母乳が足りていないのでしょうか？

A：生後1〜2ヶ月くらいまでの赤ちゃんは、たいてい1－2時間ごとに泣くのが普通です。3－4時間も眠ってくれるのは、珍しいほうです。目安としてわかりやすいのは、「おしっこの量」です。1日6回以上おむつがしっかり濡れていれば、赤ちゃんは十分に飲んでいると考えていいでしょう。赤ちゃんの様子も大事なチェックポイントです。

Q：母乳やミルクを飲ませ終わるとよく吐いてしまいます。大丈夫でしょうか？

A：小さい赤ちゃんは、胃の入口がキュッとしまっていないため、ゲップをしても吐いてしまうことがよくあります。体重が増えて、機嫌が良ければ問題ありません。

Q：人工栄養の赤ちゃんは肥満になりやすいと聞きましたが、ミルクの量を制限したほうがよいでしょうか？

A：人工栄養だからとくに太りやすいということはないです。調乳法を指示通りにして、授乳時間のリズムをきちんととれば、1回の授乳量としては、ほしがるだけ十分に与えて差し支えないでしょう。

Q：お風呂上がりなどに白湯は必要でしょうか？

A：母乳か人工ミルクでもかまいません。赤ちゃんによっては、白湯を嫌がって飲まない場合も多く見られます。無理にあげなくてもかまいません。

生まれた！

Q：ミルクをつくる時、注意することはありますか？
A：使用上の注意をしっかり読みましょう。煮沸後冷ましたお湯を使いましょう。

Q：ゲップが出ません。
A：出ない時もあります。しばらく抱っこして様子を見ましょう。

Q：おっぱいが張って痛いです。どうしたらいいでしょう。
A：水に浸して絞ったぬれタオルを当てて乳房を冷やし、赤ちゃんになるべく多くの回数、飲んでもらうことが一番の解消法になります。それでも張りや痛みが続くときは、助産院や助産師に相談してみましょう。

Q：おっぱいにしこりがあります。
A：授乳中に乳房に触れるとしこりを感じることがありますが、これは珍しいことではありません。しこりができた時は、赤ちゃんの抱き方を替えて、いろいろな方向からまんべんなく吸ってもらうようにしましょう。患部を温めたり、もみほぐしたりするようなマッサージは厳禁です。痛みや発熱を伴うときは、早めに助産院や病院の母乳外来などで診察を受けるようにしましょう。

Q：乳首が切れて痛いです。どうしたらいいでしょう。
A：赤ちゃんが乳首を浅くくわえないように注意しましょう。乳頭に亀裂ができた場合は、乳輪のあたりまで深く含ませることが大切です。授乳後には、傷口に母乳を塗っておくと治りが早いです。

Q：授乳中にお酒を飲んでもよいのでしょうか。
A：授乳中は飲酒を控えましょう。もし飲むのであれば、授乳のあとに少量だけにしましょう。

Q：授乳中に風邪薬を飲んでも大丈夫ですか。
A：薬局で売っている市販薬を、用法・用量を守り、2、3日飲んだとしても、赤ちゃんに影響を及ぼすことはまずありません。病院や薬局で薬をもらうときは、授乳中であることを必ず伝えるようにしましょう。

Q：3ヶ月を過ぎてから、おっぱいが張らなくなり出が悪くなったような気がします。
A：母乳不足かどうかは、赤ちゃんの様子を見て総合的に判断しましょう。コクコク音を立

てて飲んでいるか、片方を飲ませている時、反対側の乳房からも出ている感じはあるか、おしっこが一日に5-6回以上あるか、赤ちゃんの機嫌はよいか、などがチェックポイントになります。

■うんちについて

Q：うんちの中に粘液が混じっていることがあります。
A：腸の中の粘液がうんちに混じって出たもので心配いりません。

Q：うんちの中に白いツブツブが混じっていますが大丈夫ですか？便が緑色になることもあります。
A：母乳やミルクの成分で脂肪やタンパク質のかたまりです。赤ちゃんによくみられる正常な便なので、心配はいりません。排便の間隔が伸びると便の黄色い色素が酸化されるため、緑色に変化することもあります。心配いりません。

Q：1ヶ月を過ぎた頃から便秘気味となり、今では綿棒なしでは便がでません。どうしたらよいのでしょうか？
A：赤ちゃんの便は3～4日出ないことはよくあることなので、心配することはありません。機嫌がよく、やわらかくてたっぷり出るのなら便秘ではありませんよ。ただし、1週間近くも出なかったり、母乳やミルクをあまり飲まなくなった場合は、医師に相談してください。

■気になる様子

Q：しゃっくりや、くしゃみがよく出るのですが、心配ないですか？
A：しゃっくりは自然に止まることが多いので心配はいりません。もし早く止めてあげたければおっぱいや白湯を飲ませてもいいですよ。くしゃみは空気が乾燥していたり、鼻にゴミが入ったりすると出ます。発熱もなく、母乳やミルクをよく飲んでいれば大丈夫です。

Q：背中の青いアザは消えますか？足にも同じようなアザがあるのですが大丈夫ですか？
A：お尻のあたりによく見られる淡い青アザは、よく知られている"蒙古斑"というものです。同じ淡い青アザが腕や足やお腹にできることがあります（異所性蒙古斑）。自然消退はより遅いと考えられていますが、通常の"蒙古斑"と同様、成人までには殆ど消失してしまいます。

生まれた！

Q：赤ちゃんが黄色っぽいんですけど…
A：産まれて間もない殆どの赤ちゃんは、黄疸が現れ体が少し黄色くなります。生理的黄疸は心配のいらないものです。
●母乳性黄疸…母乳栄養児には、軽い黄疸が産後1ヶ月近くまで続くことがあります。だからといって母乳をやめる必要はありません。

Q：女の子ですが、性器出血があります。心配ないですか？
A：新生児月経と呼ばれるもので心配はいりません。

Q：髪の毛がうぶ毛程度で、とても薄いのです。ちゃんと生えてくるのでしょうか？
A：心配いりません。ちゃんと生えてきます。

Q：赤ちゃんが病気かどうか、見分けるのが難しいように思います
A：赤ちゃんの様子を判断する上で、一番大切なのはご機嫌のよしあしです。おっぱいやミルクをよく飲み、よく眠り、機嫌がよければいたって健康です。

■ケアについて

Q：顔に湿疹ができたのですが、どのような状態になったら受診したらよいですか。
A：あわてて病院へ行く必要はないのですが、皮膚がジュクジュクしてきたら小児科か皮膚科を受診しましょう。

Q：頭に脂っぽいカサブタみたいのができました。手入れの方法は？
A：軽いうちなら、ベビーオイルなどで、やさしく拭き取ってから洗い落とします。ひどくなってしまった場合は、皮膚科の先生に相談しましょう。

Q：あせもが出来やすいのですが、手入れ方法は？
A：こまめに着替えさせてあげましょう。汗をかいた後は、沐浴させるなどして、肌を清潔に保つことが大切です。着せる服の枚数は、冬は大人より1枚多く、夏は大人より1枚少なくが目安です。赤ちゃんは、体温調節がまだ上手にできないので、エアコンも上手に使ってあげるとよいでしょう。

Q: ほっぺがかさかさになりました。手入れの方法は？

A: 沐浴などで清潔にした後はベビーローションなどで保湿を心がけてください。赤ちゃんの頬や口のまわりは、ヨダレやミルクで汚れます。そうすると、お母さんはぬれたガーゼなどできれいに拭いてあげますね。でも、１日に何回も拭いたり、ゴシゴシこすりすぎると、皮膚を守る皮脂膜がはがれ落ちて、肌がかさつくことがあります。

■生活環境について

Q: 昼と夜の生活が逆転したようですが、生活のリズムを直すコツは？

A: この時期、昼と夜が逆転する赤ちゃんはめずらしくありません。時期がくればしだいに治まってきます。ただし、少しでも生活のリズムをつけるためには、朝はしっかりカーテンを開け、昼間は積極的に相手をしてあげて、夜は部屋を暗くして静かに過ごすように心がけてください。

Q: 指しゃぶりをします。歯並びに影響すると聞いたのですが、止めさせた方がいいのでしょうか？

A: ３歳くらいまでの時期は、歯並びへの影響はありません。

Q: 哺乳瓶の消毒はいつまで続ければよいでしょうか？

A: 赤ちゃんがおしゃぶりを始め、いろいろなものを口にするようになる頃に、下痢などがないようならやめてみてもいいのではないでしょうか。

Q: 赤ちゃんをお風呂に入れるのは、どの時間帯がいいのでしょうか。

A: どの時間帯がいいと決まっているわけではありません。お母さんの都合のよい時に入れましょう。

Q: いつ頃から赤ちゃんを連れて外出できますか？

A: 生後１ヶ月の間は人ごみの中には出さないようにします。

生まれた！

本書は主にボーダーインク編集部が取材・構成・執筆しています。妊娠・出産の概要や、妊娠中の栄養や運動、アロマテラピー、Q&Aなどといった医療的知識を必要とする部分は、「ベビードットマム」の助産師・石川恵が執筆しています。

□　□　□

〈編集後記〉

　自分の妊娠・出産を契機に企画した本書。その執筆や編集作業は思った以上に大変でしたが、その分、情報満載の充実した内容になったかと思います。
　病院・診療所・助産院、ショップ、行政機関の皆様、ロングインタビューに答えてくださった専門家の方々、そして、取材・撮影・コメントなどに快く応じてくれた、たくさんの妊婦さん、ママ＆パパたちにお礼を申し上げます。現在10カ月の娘にも感謝。
　この本が、多くの読者の皆さんにとって、長く役立つ本となりますように。（編集部K）

石川　恵
（いしかわ・めぐみ）

　昭和39年、那覇市生まれ、看護師・助産師・アロマセラピーアドバイザー（NARD）。三育学院カレッジ看護学科卒・那覇看護学校助産学科卒。アドベンチストメディカルセンター、糸数病院にて臨床経験。那覇市役所委嘱助産師、那覇市ファミサポのベビーケア担当講師。高校・中学・小学・幼稚園生の4人の息子の子育て中。

〈ベビードットマム〉

「楽しい子育ての提案とサポート」をコンセプトに、きめ細やかな保健指導や直接ケア（乳房ケア）、マタニティクラスを展開中。基本スタッフは助産師を中心とする3名で、小児科医や産婦人科医、歯科医、皮膚科医、管理栄養士、薬剤師、歯科衛生士と連携している。2010年、那覇新都心にショップとカフェを併設した新たなサロンをオープン予定。
〒900-0033　那覇市久米2-31-1　3階
TEL・FAX：098-862-7977
info@babymam.cc

写真モデル　漢那歩、齋藤厚子、田窪由美
制作　城間栄輝（ecco.）、表紙・本文イラスト　糸永泰子
special thanks　岡本玲子

---

ponpon（ポンポン）　おきなわマタニティ＆子育てお役立ちブック
2009年8月8日　初版第一刷　発行
編　者　ボーダーインク＋ベビードットマム
発行者　宮城　正勝
発行所　（有）ボーダーインク
〒902-0076　沖縄県那覇市与儀226-3
TEL：098-835-2777
FAX：098-835-2840
wander@borderink.com
印刷所　でいご印刷

ISBN978-4-89982-164-9　定価1470円（税込）

©Borderink & Baby.mam, 2009 Printed in OKINAWA

本書に掲載された文章、写真、イラスト等の無断転載を一切禁じます。
本書に関するお問い合わせ、ご意見はボーダーインクまでお願いします。